**Für meine Kinder Karin und Jörg
und für meine Enkel Dominik, Louise, Clara und Steven**

Gerne gut beraten

Systemische Grundlagen und Interventionen
für Berater und Führungskräfte

von Petra Fléing
mit Illustrationen von Insa Kubelka

Herstellung und Verlag: BoD – Books on Demand, Norderstedt
Copyright 2013 Petra Fléing

ISBN: 9783732256358

Bibliografische Information der Deutschen Nationalbibliothek:
Die Deutsche Nationalbibliothek verzeichnet diese Publikation in der
Deutschen Nationalbibliografie; detaillierte bibliografische Daten sind
im Internet über www.dnb.de abrufbar.

Inhalt .... **Seite**

1 Die Räuberleiter-Philosophie 10
2 Der systemische Ansatz im Kontext psychologischer Schulen 12
  2.1 Ziele der Psychologie 12
  2.2 Psychologische Schulen 13
3 Was ist ein System? 18
  3.1 Systemmerkmale 18
  3.2 Systemdiagnostische Instrumente 22
    3.2.1 Familientypen nach Satir 22
    3.2.2 Systemdiagnosen 23
      3.2.2.1 Genogrammarbeit 23
      3.2.2.2 Familienskulpturen als symbolische Repräsentanz von Systemen 25
      3.2.2.3 Familienaufstellungen 28
  3.3 Rollenverteilung in Teams und Gruppen 30
  3.4 Diagnoseinstrumente 31
    3.4.1 Das Johari-Fenster 31
    3.4.2 Soziometrie und Soziogramm 34
4 Kontext der Beratung 36
  4.1 Beratungsanlässe 36
  4.2 Das Beratungssetting 38
    4.2.1 Raum 38
    4.2.2 Zeit 39

5 Die Beraterpersönlichkeit **40**
   5.1 Respekt / Wertschätzung 41
   5.2 Empathie 41
   5.3 Echtheit 42

6 Kommunikative Voraussetzungen **43**
   6.1 Theoretische Grundlagen und Modelle 44
      6.1.1 Sender-Empfänger-Modell 44
      6.1.2 Das Eisberg-Modell 46
      6.1.3 Kommunikation und Wahrnehmung 48
      6.1.4 Kommunikation und Selbstwert 51
      6.1.5 Die vier Seiten einer Nachricht 54
   6.2 Instrumente lösungsorientierter Gesprächsführung 56
      6.2.1 Aufbau eines Beratungsgesprächs 56
      6.2.2 Entwickeln von Regeln 57
      6.2.3 Aktives Zuhören 60
      6.2.4 Fragentechniken 61
         6.2.4.1 Geschlossene Fragen 62
         6.2.4.2 Offene Fragen 63
         6.2.4.3 Zirkuläre Fragen 64
      6.2.5 Ich-Botschaften 65
      6.2.6 Coping-Sprache 66
      6.2.7. Feedback 69

7 Konflikte verstehen und analysieren 71
   7.1 Konflikte aus systemischer Sichtweise 73
   7.2 Analyse von Konflikten: Konfliktgegenstand,
       -verlauf und –dynamik 74
   7.3 Erkennen von Konflikten bzw. Konfliktpotenzialen
       in Organisationen und in Gruppen / Teams 75
   7.4 Analyse von Konflikten 76
      7.4.1 Konfliktformen und -ursachen 76
      7.4.2 Konfliktarten 76
         7.4.2.1 Persönliche bzw. zwischenmenschliche
                 Konflikte 76
         7.4.2.2 Bewertungs-, Beurteilungs- und
                 Verteilungskonflikte 79
         7.4.2.3 Rollenkonflikte 80
8 Konfliktphasen 82
9 Sonderfall: Mobbing 86
10 Konflikte auflösen und verhindern 89
   10.1 Konfliktlösungsstrategien 89
   10.2 Konstruktive Konfliktlösung mit dem
        Havard-Konzept 90
   10.3 Voraussetzungen für ein konstruktives
        Konfliktgespräch 91
   10.4 Konfliktberatung mit einem Beteiligten:
        der Meta-Mirror 92
   10.5 Kritikgespräche mit MitarbeiterInnen 94
   10.6 Das PELZ-Modell: Phasen eines Konfliktlösungs-
        gesprächs für Gruppen 98
   10.7 Konfliktmoderation mit der Kärtchenmethode 102

11 Konfliktprophylaxe 104
12 Anregen und Bewegen 105
12.1 Motivation 105
12.2 Attribuierung 108
12.3 Ziele setzen 110
12.4 Stärkende Interventionen 112
12.4.1 Beschreibendes Lob 112
12.4.2 Skalenarbeit 114
12.4.3 Die Alignment-Strategie 116
12.4.4 Time-Line 119
13 Selbstmanagement und Stressbewältigung 122
13.1 Grundlagen und Definition 122
13.2 Stressentstehung – Stressphasen 123
13.2.1 Stressentstehung 123
13.2.2 Stressphasen 124
13.2.3 Das Stressmodell von Lazarus 125
13.3 Stress und Persönlichkeit 127
13.3.1 Stresstyp A – Stresstyp B 127
13.3.2 Weiblicher und männlicher Stress 128
13.4 Stressreaktionen 129
13.5 Folgen von Stress und Dauerstress 130
13.6 Kurz- und langfristige Stressbewältigung 131
13.6.1 Kurzfristige Stressbewältigung 131
13.6.2 Langfristige Stressbewältigung 132
13.6.2.1 Selbstmanagement 132
13.6.2.1.1 Ziele und Aktivitäten 133
13.6.2.1.2 Leben mit Werten 133
13.6.2.1.3 Gesunde Ernährung 134

13.6.2.2 Rollenklärung 135
13.7 Zusammenfassende Anregungen für das
Selbstmanagement 137
13.7.1 Persönliche Veränderungen 137
13.7.2 „Schärfen Sie die Säge" 137

Anhang
Literaturverzeichnis

1. Die Räuberleiter-Philosophie

Woran liegt es, dass Menschen sich gegenseitig helfen? Welche persönlichen und situativen Voraussetzungen müssen dafür gegeben sein? Wann bleibt Hilfsbereitschaft aus, auch wenn sie dringend nötig wäre? Diese Fragen haben psychologische Wissenschaftler bereits intensiv erforscht.[1]

In meiner Vision, der Räuberleiter-Philosophie, zeichne ich das Bild einer Gesellschaft, in der die Menschen sich gegenseitig in ihrer Entwicklung fördern. Sinngemäß gibt einer dem anderen Hilfestellung durch die Räuberleiter. Andere helfen dann wieder durch Handreichung beim Aufstieg.

Die Räuberleiter ist nicht nur ein halb verbotenes, lustiges Kinderspiel. Für mich ist sie auch ein brauchbares Symbol für gesellschaftlichen Fortschritt.

Im Gegensatz dazu steht die Konkurrenzgesellschaft. Hier werden die Ellenbogen gebraucht, um aufzusteigen. Diese Herangehensweise erfordert sehr viel mehr Kraft, als in kooperativen

---

[1] vgl. z.B. Philip G. Zimbardo, Richard J. Gerrig: Psychologie, Pearson Studium, 2004, S. 797 ff.

Zusammenhängen aufgebracht werden muss. Menschen, die durch ihre Ellenbogen die nächsthöhere Stufe erreicht haben, müssen außerdem einen großen Teil ihrer Energie darauf verwenden, ihre Position zu verteidigen. Fortschritt und eine hohe Lebensqualität sind nur unter großen Anstrengungen zu erreichen.

Ein zentraler Punkt, um gezielt Helfen zu können, ist es, die entsprechenden wirkungsvollen Methoden zu kennen. Dazu will diese Handreichung beitragen.

Im ersten Kapitel stelle ich den Systemischen Ansatz in seinem psychologischen Zusammenhang vor. Informationen zur Therapeutenpersönlichkeit und Familiendiagnostik schließen sich an. Nondirektive Gesprächsführung, Gruppenmoderation, aktivierende Instrumente für Einzelne und Gruppen runden das Thema ab.

Mein Wunsch ist es, Menschen, die mit Menschen arbeiten, mehr Möglichkeiten zu eröffnen, wirkungsvoll, zielorientiert und sinnvoll andere Menschen zu unterstützen.

2. Der systemische Ansatz im Kontext psychologischer Schulen

2.1 Ziele der Psychologie

Systemische Beratung speist ihre Erkenntnisse, Theorien und Methoden aus tradierten und aktuellen psychologischen Erkenntnissen. Deshalb stelle ich zunächst kurz das theoretische Feld dar, in das sich die praktischen Werkzeuge beratenden Handelns einordnen lassen:

Nach heutigem Stand ist es allgemeines Ziel psychologischer Forschung und Praxis, das Erleben und das Verhalten von Menschen zu erklären und zu verstehen. Erleben bezieht sich dabei sowohl auf äußeres als auch inneres Erleben, d. h. auf Wahrnehmung, Denken, jede Art von Empfindungen und auf Fühlen. Als Verhalten wird jede beobachtbare Lebensäußerung bezeichnet. Damit sind unbeabsichtigte Mimik und Gestik genau so gemeint wie zielorientiertes, geplantes, absichtliches Handeln. Überhaupt gehen moderne Psychologen davon aus, dass alles Handeln eine Absicht, also ein Ziel verfolgt.

Während „Erklären" auf das „Warum" einer Handlung abzielt, möchte die verstehende Psychologie den Sinn des Geschehenen erfassen. Was wollte der Handelnde eigentlich erreichen? Welchen Zweck hat er mit seiner Aktion verfolgt? Welche Hoffnungen und Sehnsüchte haben ihn bewegt? Etymologisch hat das Wort „Sinn" übrigens einen Zusammenhang mit „Sehnen", sich einen Herzenswunsch erfüllen, zu tun[2].

---

[2] Duden. Herkunftswörterbuch. Etymologie der deutschen Sprache, Band 7, 3. Auflage, Dudenverlag, Mannheim, Leipzig, Wien Zürich, o.J.

Eine weitere Aufgabe der allgemeinen Psychologie ist es, über psychologische Gesetzmäßigkeiten zu informieren, um auf dieser Grundlage auch Handlungen prognostizieren zu können. D.h., voraussagen zu können, mit welcher Wahrscheinlichkeit eine gegebene Situation ein bestimmtes Verhalten auslöst. Die Evaluation dieser Handlungen schließt den Aufgabenbereich.

2.2 Psychologische Schulen

Der Systemische Ansatz geht von einem Zusammenwirken aller Teile eines Systems aus. Jede Position und jede Funktion innerhalb eines zu definierenden Systems wirken dieser Theorie zufolge immer in einem Gesamtzusammenhang. Jede Handlung eines beliebigen Familien- oder Teammitglieds hat Relevanz für das Ganze. Mehr dazu in Kapitel 3. Für die psychologischen Grundlagen systemischer Beratung bedeutet das, dass das Theoriegebäude der Psychologie selbst natürlich auch in einen Gesamtzusammenhang steht. Die systemische Theorie integriert die ihrer Ansicht nach relevanten Erkenntnisse aller existierenden Schulen. Aus diesem Grund möchte ich sie hier kurz skizzieren, bevor ich intensiver auf Systeme selbst eingehe.

Die Tiefenpsychologie

Mit der Tiefenpsychologie ist der Name *Sigmund Freud* (1856 – 1931) eng verbunden. Er gilt gemeinhin als Begründer dieser psychologischen Richtung. Freud war Neurologe und Psychiater in Wien. Als praktizierender Nervenarzt interessierte ihn die Erforschung psychischer Erkrankungen. In Paris arbeitete er mit *Jean-Martin Charcot* zusammen. Hier lernte er die Hypnose als

Heilmethode kennen. Die gemeinsam mit dem Arzt *Josef Breuer* entwickelte Theorie und Methode der Tiefenpsychologie (u.a. freies Assoziieren in entspannter Atmosphäre) weist aus meiner Sicht, obwohl Freud sich davon abgrenzte, gewisse Parallelen zu Hypnose auf.

Freuds großer Verdienst ist es, das Unbewusste als eine wirkende Kraft hervorgehoben zu haben. Nicht befriedigte Bedürfnisse oder ungelöste Konflikte aus früheren Lebensphasen wirken demnach ohne Einschaltung des Bewusstseins auf unser aktuelles Verhalten. Dieses Phänomen lässt sich im Alltag leicht in den Situationen nachvollziehen, in denen Menschen aus geringem Anlass stark emotional reagieren. Hier ist zu vermuten, dass frühere Verletzungen, die nicht bewusst sind, berührt werden. Systemische Beratung und Therapie berücksichtigt diese Erkenntnisse insofern, als sie die belastende Vergangenheit ihrer Klienten anerkennt und den Blick vorwiegend auf die zukünftige Lösung richtet.

Der Behaviorismus

Die Forschungsrichtung des Behaviorismus grenzt das Unbewusste aus wissenschaftlichen Überlegungen aus. Ihr Entstehen verdankt sie wohl vor allem Wissenschaftler, die sich der Tiefenpsychologie nicht verschreiben wollten. Vorbilder sind die Naturwissenschaften und die gerade um die Jahrhundertwende gemachten neuen Erkenntnisse. Gegenstand des wissenschaftlichen Interesses ist hier allein das beobachtbare Verhalten. *John Broadus Watson* (1878 – 1958), Psychologieprofessor in Baltimore und Werbefachmann ist der führende Vertreter. Besonders bekannt sind die in diesem

Zusammenhang gemachten Erkenntnisse des russischen Physiologen *Iwan P. Pawlow* (1849 – 1936) über den „bedingten Reflex" bei Hunden.

Innerhalb dieser psychologischen Schule wurden die Lerntheorien und wurde die Verhaltenstherapie entwickelt. Systemische Berater nutzen das S-O-R-Schema z.b. durch Ankern (Kap. ?) von positiven Zuständen zur Motivation und Selbstwertstärkung ihrer Klienten.

Die Kognitive Psychologie

Albert Ellis gilt als der Begründer dieser Denkrichtung. Im Fokus stehen dabei die Wahrnehmung, das Denken, die Einstellungen und Meinungen der Menschen. Die Emotion bzw. der Zustand und damit die Reaktion eines Menschen auf eine Situation hängt, gemäß diesem Ansatz ganz entscheidend, von der kognitiven Bewertung der Situation ab. Eine Situation, die ein Mensch als gefährlich einschätzt, kann von einem anderen als belanglos bewertet werden. Das auf die Bewertung folgende Verhalten/Handeln wird in beiden Fällen sehr unterschiedlich sein.

Die kognitiven Psychologen gehen davon aus, dass Verhaltensänderungen durch Veränderung der Denkgewohnheiten und -muster erreicht werden können. Auch hier erhalten systemische Berater Instrumente, die im Beratungsprozess einsetzbar sind.

Ganzheits- und Gestaltpsychologie

„Das Ganze ist mehr als die Summe aller Teile" – das ist die zentrale Aussage der Gestaltpsychologie. Grundannahme ist hier, dass Menschen sowohl wahrnehmungsspezifisch als auch handlungsbezogen Ganzheit herstellen wollen. Bilder, die aus Punkten bestehen wie z.B. im Impressionismus werden im Auge zu einem

Ganzen zusammengefügt. Eine begonnene Handlung gilt erst mit dem Erreichen des Zieles als abgeschlossen. Gleichzeitig finden wir in diesem Ansatz auch systemische Momente, nämlich durch die Beachtung der Einzelteile als zu einem größeren Ganzen zugehörig.

Humanistische Psychologie

Für humanistische Psychologen (Maslow, Rogers) ist der Mensch ein entwicklungsfähiges, offenes und soziales Wesen. Rogers geht von einer dem Menschen innewohnenden Kraft (vergleichbar mit der Macht der Natur) aus, die ihn dazu befähigt, Schwierigkeiten zu meistern und problematische Situationen selbst zu lösen. Diese Energie setzen die systemischen Berater ebenfalls voraus.

Neuropsychologie

Die Gehirnforschung ist wohl die jüngste Disziplin überhaupt. Über die Funktionsweisen unseres Gehirns wissen wir noch recht wenig. Ein neueres Modell vergleicht die Aufnahmekapazität unseres Denkorgans mit dem Computer. Neuronale Verbindungen und identifizierbare „Speicherplätze" für bestimmte Informationen, Fertigkeiten und Fähigkeiten *(Spitzer)* sorgen dafür, dass frühere Erfahrungen auf aktuelle Situationen angewandt werden können. Das erleichtert das Leben ungemein. Es beinhaltet jedoch auch die Gefahr der Fehlreaktion.

Auch unsere Denkgewohnheiten können als System aufgefasst werden. Vielleicht ist unser Gehirn sogar das komplexeste und komplizierteste System überhaupt. Für die systemischen Berater stellt sich hier die Frage, ob und wie Denksysteme beeinflussbar sind.

Das **Neurolinguistische Programmieren (NLP)** ist als eine Sammlung wertvoller Techniken und Interventionen namhafter und erfolgreicher Therapeuten zu verstehen. Richard Bandler und John Grinder (Psychologe und Mathematiker) haben die Arbeitsweise von Milton Erickson, Virginia Satir, Fritz Perls und anderen minutiös beobachtet und akribisch dokumentiert. Dieses „Lernen am Modell" hat sich inzwischen auf alle Sparten ausgebreitet. Dadurch können Fachleute aller Berufsrichtungen heute auf die Techniken erfolgreicher Vertreter ihrer Branche zurückgreifen. Auch für Beratung und Coaching sind hilfreiche „Formate" (das ist der im NLP genutzte Fachausdruck für detailierte Arbeitsbeschreibungen) vorhanden.

Während die verschiedenen psychologischen Schulen sich meist mit Teilbereichen der menschlichen Psyche, wie z.B. der Wahrnehmung, dem Unbewussten oder dem Verhalten befassen, versucht die systemische Sichtweise einen integrierenden theoretischen und praktischen Ansatz.

3 Was ist ein System?

3.1 Systemmerkmale

In den 70er Jahren des vorigen Jahrhunderts entwickelt, hat der systemische Ansatz, vor allem die Familientherapie, sehr schnell weltweit Anerkennung gefunden. *Virginia Satir* hat damit begonnen, problembelastete Menschen in ihren sozialen Zusammenhängen zu behandeln. In diesem Ansatz steht nicht mehr der Einzelne, der sogenannte „IP" (identifizierter Patient) im Mittelpunkt, sondern das ganze soziale Gefüge, das den Einzelnen umgibt. In erster Linie ist das die Familie.

Für Satir[3] sind die über Kommunikationsanalysen erfahrbaren Beziehungen der Systemmitglieder interessanter und ein vielversprechenderer Ansatzpunkt für Diagnosen und Klärungen, als es die Störungen des Einzelnen sind.

Der Begriff „System" kommt aus dem Griechischen und bedeutet soviel wie "Zusammenstellung". In wissenschaftlichen Zusammenhängen wird er als Ordnungsbegriff für

- natürliche oder künstliche Gebilde
- die ein Ganzes ausmachen
- deren Teile in Abhängigkeit voneinander stehen und so
- eine bestimmte Ordnung aufweisen

genutzt.

In Naturwissenschaft und Technik bezeichnet „System" also jede Gesamtheit von (materiellen) Objekten, die sich in einem

---

[3] Virginia Satir: Kommunikation. Selbstwert. Kongruenz: Konzepte und Perspektiven familientherapeutischer Praxis. Junfermann. 2004

ganzheitlichen Zusammenhang befinden. Je nach Wissenschaftsbereich werden physikalische, biologische, technische und soziale Systeme unterschieden.

Aus dieser Definition ergibt sich die Identifizierbarkeit von Systemen. Sie sind:

- als Ganzes erkennbar
- haben Grenzen nach außen
- sind offen nach außen
- bestehen aus Einzelteilen und Gruppierungen (Subsystemen)
- die voneinander abhängig sind
- sind funktionsgegliedert und immer auch
- hierarchisch organisiert. Außerdem
- längerfristig überdauernd
- und sie verfolgen einen bestimmten Zweck

Störungen oder Dysfunktionen beziehen sich immer auf mindestens eines dieser Merkmale.

Der Begriff „Kybernetik" (griechisch Steuermann(skunst)) beschreibt die Dynamik innerhalb der Systeme. Wie wirken die einzelnen Teile mit- und aufeinander, welches Teil übernimmt welche Funktion, wie reagieren die Teile auf Einwirkungen von außen? Forscher gehen davon aus, dass kybernetische Systeme sich selbst regulieren und einen Gleichgewichtszustand anstreben, die sogenannte Homöosthase. Dazu kompensieren sie ihren Möglichkeiten entsprechend Einflüsse von außen. Das Forschungsinteresse gilt besonders der Frage nach der Art, wie Informationen aufgenommen, verarbeitet und übertragen werden. In sozialen Systemen steht die Kommunikation im Mittelpunkt des Interesses.

Eine bekannte soziologische Theorie, die sich aus diesen Erkenntnissen gebildet hat, ist die Rollentheorie. Sie geht davon aus, dass der einzelne Mensch, dass Gruppen, Organisationen und Nationen jeweils Teile eines übergeordneten Ganzen sind. Diesen Teilen sind bestimmte Funktionen zugeordnet, d.h., sie haben für das übergeordnete Ganze eine bestimmte Rolle zu erfüllen. Die verschiedenen Rollen sind – ich nehme an, wegen der unterschiedlichen Wichtigkeit und Verantwortung für das Ganze – an einem ganz bestimmten Platz positioniert. Daraus ergibt sich zwangsläufig eine hierarchische Organisation. Bisher ist noch kein lebensfähiges soziales oder organisches Gebilde beobachtet worden, dass ohne eine solche Ordnung überlebt hätte. Es gibt Hinweise darauf, dass es bei dem „System Mensch" der Kopf ist, der hier die höchste Position einnimmt. Römische Kriegsherren haben das schon angenommen und ihre Festungen nach dem Prinzip Mensch erbaut. Auch die heute noch geläufige Bezeichnung „Headquarter" spricht dafür.

An die jeweiligen Rollen werden von den anderen Systemmitgliedern ganz bestimmte Erwartungen geknüpft. Diese Erwartungen drängen manchmal den Rolleninhaber zu einem bestimmten Verhalten. In diesem Zusammenhang spricht man auch vom „Rollendruck". Es ist sogar häufig recht schwierig, die Funktion für das – ich nenne es mal „große Ganze" - zu erfüllen und dabei die persönlichen überlebensnotwendigen Bedürfnisse zu befriedigen. In der Tiefenpsychologie wird dieser Konflikt als Regulierung zwischen „Es" und „Über-Ich" durch das „Ich" beschrieben. Eine Idee von den

Nöten, die sich daraus ergeben können, hat wohl jeder Mensch.

Die sechs Prinzipien sozialer Systeme sind:

1. Das Prinzip der Würdigung: Anerkennen und wertschätzen, was ist. Die Wirklichkeit spiegelt immer die bisher bestmöglichen Lösungen. Erst diese Wertschätzung ermöglicht positive Veränderungen.
2. Der Vorrang des Früheren vor dem Späteren: besonders zu beachten in der Geburtenfolge und bei der Betriebszugehörigkeit.
3. Das Prinzip der Zugehörigkeit: Das bedeutet, alle zum System gehörenden Menschen müssen integriert werden.
4. Das Prinzip von Leistung und Hierarchie: Kein System funktioniert ohne Führung. Und wer mehr Verantwortung für das Ganze trägt, hat in einem funktionierendem System auch mehr Einfluss.
5. Das Prinzip der Anerkennung von Spezialisten: Wer für eine bestimmte Aufgabe mehr Kompetenzen aufweist, hat Vorrang.
6. Der Ausgleich von Geben und Nehmen: Ein System funktioniert auf Gegenseitigkeit. Wir wissen aus der Evolutionsforschung, dass Systeme, in denen die Mitglieder kooperieren, den größten Fortschritt zu verzeichnen haben.[4]

Diese Prinzipien helfen uns dabei, den Störungen in Systemen die ursächlichen Gründe zuzuordnen. Die im Folgenden beschriebenen

---

[4] Volker Zumkeller: Coaching. Grundsätze, Prozessphasen und Techniken. Cornelsen Verlag, Berlin 2010

diagnostischen Instrumente können uns Aufschluss darüber geben, welches Prinzip verletzt ist.

3.2 Systemdiagnostische Instrumente

3.2.1 Familientypen nach Satir

Satir hat in ihrer langjährigen praktischen und forschenden Arbeit in den jeweiligen Familien Grundstimmungen bemerkt, deren Diagnose Hinweise auf die therapeutischen Interventionen geben können. Wenngleich Satirs Erkenntnisse sich auf Familien beziehen, lassen sie sich doch leicht auf alle anderen sozialen Systeme und auch auf den einzelnen Menschen übertragen.

Die vier Grundtypen, die Satir unterscheidet, sind die chaotische Familie, die harmonisierende Familie, die rationalisierende Familie und die anklagende Familie.

In der chaotischen Familie läuft alles durcheinander. Man lässt sich nicht ausreden, fährt sich ins Wort, hat kaum Regeln und erfährt auf diese Art und Weise auch wenig voneinander. Einer meiner Ausbilder, ein Psychologe, beschrieb dazu folgende Situation: Seine erste Frau kam aus einer chaotischen Familie. Ihre Eltern wussten nach einem halben Jahr noch nicht, welchen Beruf er ausübt. Wann immer er gefragt wurde und antworten wollte, kam irgend etwas dazwischen.

In der harmonisierenden Familie darf es keine Probleme und vor allen Dingen keinen Streit geben. Mir kommt bei dieser Familienstimmung immer die Familie meiner Kindheitsfreundin in den Sinn (meine eigene Familie erinnert mich übrigens unter anderem an die chaotische!). In der Familie meiner Freundin ging es ganz anders zu, als bei uns. Dort waren „nur" drei Kinder, mittags machten die Eltern einen Mittagsschlaf und nachmittags roch es nach Kuchen. Die Stimmen waren gedämpft und alles war wohl geordnet.

In der rationalen Familie spielt Bildung eine große Rolle. Der (Familien-)Vorstand überlegt sich alles sehr genau. Wenn man etwas nicht weiß, weiß man aber, in welchem Buch man nachgucken kann. Entscheidungen werden rational getroffen. Es herrschen meist strenge Regeln und die Eltern stützen sich gegenseitig.

Die Kommunikation in der anklagenden Familie ist durch Schuldzuweisungen bestimmt. „Lieber Gott, lass Abend werden!" oder „Womit hab ich das verdient?" sind Aussagen, die diese Familienatmosphäre kennzeichnen. Die Stimmung ist gedrückt und die Problembewältigung im Alltag steht im Vordergrund.

Durch die Methoden der Genogrammarbeit, mit Familienskulpturen und Familienaufstellungen können wir die jeweilige Familienatmosphäre und die vorherrschenden Störungen im System leichter erkennen.

3.2.2 Systemdiagnosen

3.2.2.1 Genogrammarbeit

Wenngleich es sich beim Genogramm (ähnlich wie beim Organigramm) „nur" um eine symbolische Darstellung der Zugehörigkeit und Herkunft handelt, hat diese Darstellung doch eine tiefe Wirkung auf die Klienten. Kein Therapeut und kein Berater sollte irgendeine Methode, und das gilt besonders für das Genogramm, einsetzen, deren Wirkung er nicht aus eigener Erfahrung kennt. In der Weiterbildung zum Systemischen Berater und zur systemischen Beraterin haben die Teilnehmenden bei mir deshalb spätestens im 3. Modul die Aufgabe, ein Genogramm ihrer eigenen Familie anzufertigen.

Im Genogramm werden die Systemmitglieder durch Symbole repräsentiert. Am geläufigsten sind Quadrate für Männer und Kreise für Frauen. Kinder werden entsprechend kleiner gezeichnet. Bei noch ungeborenen Kindern ist die Randlinie unterbrochen, verstorbene Menschen erhalten ein Kreuz (das Todesdatum kann hinzugefügt werden) und Abtreibungen, Fehl- oder Totgeburten erhalten nur ein Kreuz ohne Umrandung. An der Ausrichtung des Kreuzes kann man, wenn das Geschlecht bekannt war, erkennen, ob es ein Junge oder ein Mädchen war. Die Kreuze bei Jungen sind diagonal angeordnet.

Menschen in einer formalisierten Lebensgemeinschaft (Ehe) werden durch eine ununterbrochene Linie dargestellt, nichtformalisierte Lebensgemeinschaften erhalten eine unterbrochene Linie, ebenso Adoptiv- und Pflegekinder. Heirat und Scheidung werden durch Ringe bzw. Querstriche eingezeichnet.

Folgende Grafik[5] gibt die meistgenutzten Formen wieder:

Wichtige Fakten, die bei der Arbeit mit Klienten abgefragt werden und im Genogramm notiert werden können, sind Name, Vorname, Alter bzw. Geburtsdatum, evtl. Todesdatum, das Datum der Heirat, Trennung und Scheidung, die Wohnorte, Herkunftsorte und Ortswechsel der Einzelnen, ob es schwere Krankheiten, andere schwere Symptome oder auch gehäuft eine bestimmte Todesursache gibt und welche Berufe die einzelnen Mitglieder ausüben.

Durch die Abfrage von „weichen" Informationen steigen wir tiefer in die Familienatmosphäre ein. Dazu kann sich der Berater und die Beraterin drei Eigenschaften, die der Person zugeschrieben werden, nennen lassen und auch einen Begriff zur Kennzeichnung der jeweiligen Familienatmosphäre. Interessant ist auch, ob es Hinweise auf bestimmte Streitfragen, z.B. Eifersucht, in der Familie gibt. Als letztes ist die Frage sehr wichtig, ob es Tabus und "weiße Stellen" im Genogramm gibt: Von wem ist nichts überliefert? Worüber wurde nicht gesprochen? Welche Ereignisse werden verschleiert?

Während der Genogrammarbeit intensiviert sich die Beziehung zwischen dem Klienten und dem Berater. Es ist wichtig, für diese Arbeit den richtigen Zeitpunkt abzuwarten. Wenn genug Offenheit und Vertrauen da ist, kann das Genogramm sehr klärend wirken.

3.2.2.2 Familienskulpturen als symbolische Repräsentation von Systemen

In der Familientherapie wird, wenn der Therapeut sich entschlossen hat, mit den Familienskulpturen zu arbeiten, ein Familienmitglied gebeten, die Beziehungen in der Familie durch Haltung und Position darzustellen. Der Klient weist den Mitwirkenden Positionen einschließlich der zu seinem Bild gehörenden Gestik (z.B. geballte Faust) und Mimik zu. In einer externen Therapiegruppe wählt der Klient Darsteller für die einzelnen Mitglieder und sich selbst aus.

Die Teilnehmer am Systemischen Berater bitte ich, die vier Familientypen nach Satir (s.o.) als Familienskulptur bzw. kurze Szene darzustellen. Dabei repräsentiert der räumliche Abstand die (emotionale Nähe, das Oben und unten die Hierarchie und Mimik und Gestik sind Ausdruck der differenzierten Familienstruktur. Ich erweitere die Aufgabe um repetitive Bewegungen und um Schlüsselbegriffe, die wiederholt von den einzelnen Mitspielern eingeworfen werden können.

Im nächsten Schritt erfrage ich die Befindlichkeit in den jeweiligen Positionen und die Gruppe erarbeitet bezeichnende Überschriften für die jeweiligen Typen[6]. Daraus lassen sich in der Regel hilfreiche Interventionen ableiten.

Beispielhaft möchte ich hier die Arbeitsergebnisse von Teilnehmern aus einer Weiterbildungsgruppe anführen:

Anklagende Familie, Überschrift: Jeder gegen Jeden

Zustände/Empfindungen:

Gestresst, Ohren zugehalten, alleingelassen, empört, frustriert, ignoriert, fokussiert auf ein Mitglied, ignorierend, isoliert, ausgegrenzt, traurig, enttäuscht, unzufrieden, Schuld

Empfehlungen für Interventionen:

Redezeiten installieren, Gefühle spiegeln, ermutigen, Wünsche zu

---

[6] Fragemöglichkeiten zu dieser Analyse siehe Kap. 3.2.2.3 (Familienaufstellungen)

äußern, gegenseitige Wertschätzung stärken, Respekt herstellen, Stärken der Einzelnen herausarbeiten, positiven Absichten offenlegen

Chaotische Familie: Die Flodders

Zustände/Empfindung

Unwohlsein, kunterbunt, nach außen orientiert, Suche nach Haltung und Struktur, Stabilität, ignoriert, nicht wahrgenommen werden, genervt, ruhelos, desinteressiert am Anderen, frei, lustig, spannend, isoliert, beziehungslos, unkontrolliert, Grenzen testen, Extreme ausprobieren, Kampf um Aufmerksamkeit, Überforderung, Rollenunklarheit, führungslos.

Empfehlungen:

Struktur, Regeln vereinbaren, gemeinsames Abendessen vorschlagen, Unterstützung von außen suchen, entlastende Angebote nutzen: Freizeitangebote für die Kinder (Pfadfinder etc.), Rolle und Funktion definieren, Beziehungsarbeit / Freizeitgestaltung der Eltern mit einem Kind.

Rationalisierende Familie: Mein Wort ist Gesetz – Ich habe immer recht!

Zustände/Empfindungen

Wut, Unaufmerksamkeit, genervt, klein gemacht, unlebendig, gute Struktur, entlastend, ordentlich, eingegliedert, einverständig, ermüdend, z. T. große Verantwortung, starr, unbewegt, übersichtlich, Rollen und Funktionen klar, Rechtfertigungsdruck, Recht haben

Empfehlungen:

Wärme, Gefühl, Humor, Muster aufbrechen, in Bewegung bringen, andere Meinungen reflektieren, zur Problembearbeitung anregen, Konflikte akzeptieren, Streitkultur implementieren, Konfliktscheu abbauen, Perspektivenwechsel, zirkuläres Fragen,

Harmonisierende Familie: Es kann nicht sein, was nicht sein darf!

Zustände/Empfindungen:

Sehr schlecht fühlen, allein, einsam, befangen, ängstlich, extrem angespannt, blind für den anderen, versteckt, verdeckt, gedeckelt, Zweifel an der eigenen Wahrnehmung, Wortlosigkeit, Zweifel an den eigenen Empfindungen, fassunglos, Schuld und Scham

Empfehlungen:

Provokative Fragen, individuelle Stärkung, Gefühle spiegeln, Ziele erarbeiten, Freizeitaktivitäten außerhalb für alle, Kontakte initiieren, Ehrenämter anregen, jeder macht (evtl. getrennt voneinander) etwas für sich, Isolation brechen, Handlungsräume öffnen

Die von Satir entdeckten Kategorien von Familienzuständen lassen sich ebenso auf Teams und auf Persönlichkeiten beziehen. So finden wir z.B. den kreativen Chaot, den leisen Beschwichtiger, den rationalen Denker und den Ankläger ebenso wie in Familien auch in Organisationen und Teams.

3.2.2.3 Familienaufstellungen

Der bekannteste Vertreter dieser diagnostischen und therapeutischen Arbeit ist wohl Bert Hellinger. In seiner Aufstellungsarbeit geht Hellinger von der eindeutigen Wirksamkeit der anfangs genannten sechs Prinzipien aus. Methodisch betrachtet sind diese Familienaufstellungen eine Reduktion der Familienskulpturen um die differenzierte Haltung, die Mimik und die Gestik auf Blickrichtung, Nähe und Distanz.

Der Klient wählt die Stellvertreter für seine Familienmitglieder aus der Gruppe der Teilnehmer aus. Wenn für jeden Familienangehörigen ein Stellvertreter benannt ist und am Bühnenrand wartet, wird der Klient gebeten, in gesammeltem Zustand und ohne Worte die Mitwirkenden zu ihrer Position im Raum zu führen. Er lenkt sie dabei, indem er sie an beide Schultern fasst. Wenn alle Beteiligten aufgestellt sind, bitte ich den Klienten, die Konstellation noch einmal zu überprüfen. Wenn der Klient auf meine Frage hin, ob es nun so passt, nicht einverstanden ist, verändert er die Situation so lange, bis es für ihn stimmig ist.

Es ist schon sehr erstaunlich und für unerfahrene Teilnehmer und Menschen mit einer sehr „rationalen Kruste", schwer nachvollziehbar, wie es sein kann, dass fremde Menschen, die kaum etwas über das System wissen und die sich stellvertretend aufstellen lassen, die Zustände der tatsächlichen Systemmitglieder nachempfinden können. Da kommt es zu zitternden Körpergliedern, das Gefühl der Kälte auf einer Körperseite oder dem Gefühl der Leere hinter einem. Letzteres ist wahrscheinlich ein Zeichen dafür, dass das Prinzip der Zugehörigkeit nicht genügend beachtet wurde. Ich frage dann den Klienten: „ Wer fehlt?"

Die Fragen, die an jeden Stellvertreter/jedes Familienmitglied gestellt werden können, sind: Was ist es für ein Gefühl, in dieser Position zu sein? Passt es zu dem Gefühl, das der oder die Betreffende in der Familie hat? Wussten Sie/wusstest Du, dass der Bildhauer die Familie so sieht? Stimmen Sie/stimmst Du mit diesem

Bild überein? Was sollte geändert werden? Welche Veränderungen wünscht sich jeder, um sich besser zu fühlen? Welche Veränderungen ergeben sich darauf für jeden Einzelnen?

Nach einigen Versuchen, in denen ich die Wünsche der Stellvertreter berücksichtige und dann wiederholt die Zustände der Einzelnen abfrage, starte ich den Versuch, eine Aufstellung nach Hellingers „Ordnung der Liebe"[7] in ebenfalls gesammelter Haltung und Ruhe zu konstellieren. Meist ist das ein Halbkreis unter Berücksichtigung des Alters, des Ranges und der Dauer der Zugehörigkeit. Eltern und Großeltern bilden einen weiteren Halbkreis hinter den jeweiligen Stellvertretern. Jedes Mal stellt sich in dieser Konstellation für alle Teilnehmer das Gefühl der größtmöglichen Stimmigkeit ein.

3.3 Rollenverteilung in Teams und Gruppen

Der Begriff „Rolle" kommt aus der Soziologie. Die Rollentheorie geht davon aus, dass in jedem sozialen Gebilde (Gesellschaft, Familie, Gruppe usw.) die Einzelnen bestimmte Rollen wahrnehmen, die sie innerhalb dieses sozialen Gebildes ähnlich einem Schauspieler auf der Bühne wahrnehmen. Alle Menschen nehmen mehrere Rollen wahr, und zwar entsprechend der Anzahl ihrer Lebensbereiche. An jede Rolle sind bestimmte Erwartungen geheftet, die definieren, was der jeweilige Rollenträger in der spezifischen Position (Hierarchie) zu tun und zu unterlassen hat und welche Aufgabe (Funktion) er auf welche Art und Weise ausüben soll.

---

[7] Bert Hellinger: Ordnung der Liebe, Carl-Auer-Verlag, 1999

Neben formellen Rollen wie Gruppenleiter, Vorgesetzter, Mitarbeiter, Inhaber bestimmter Funktionen usw. werden informelle Rollen wie Tüchtigkeitsführer, Beliebtheitsführer, Außenseiter, Abweichler, Störenfried, Mitläufer ... unterschieden. Dabei werden informelle Rollen nicht nur in informellen Gruppen verteilt, sondern finden sich auch in formellen Gruppen wieder. So gibt es in einigen Fällen neben dem „offiziellen" Vorgesetzten auch einen heimlichen Teamchef, der die anderen Mitglieder wesentlich beeinflusst.

Für die Analyse der Beziehungen der Mitglieder eignen sich das Johari-Fenster und das Soziogramm.

3.4 Diagnoseinstrumente

3.4.1 Das Johari-Fenster

Die Autoren Joe Luft und Harry Ingham haben Mitte der 50er Jahre nach Studien an der University of California ein einfaches Schema entwickelt, das die Veränderung von Selbst- und Fremdwahrnehmung im Verlaufe eines Gruppenprozesses grafisch darstellt. Es eignet sich meines Erachtens besonders gut als Diagnoseinstrument in den Anfangsphasen eines Teams.

Verhalten	Mir selbst bekannt	Mir selbst unbekannt
Den Anderen bekannt	1 Öffentliche Person	3 Blinder Fleck
Den Anderen unbekannt	2 Privatperson "verborgen"	4 Unbekanntes "Verdrängtes"

Botschaften können
1. offen
2. vertraulich
3. unbewusst
4. emotional sein

Mit dem Johari-Fenster können wir anschaulich darstellen, dass Offenheit und Vertrauen in der Anfangsphase eines Teams (Phase des Formings) noch sehr gering sind. Für die Arbeitsfähigkeit und die Kooperationsbereitschaft innerhalb eines Teams sind diese Qualitäten aber sehr wünschenswert.

Luft und Ingham definieren vier Quadranten: Quadrant 1 oder A ist der öffentliche Bereich, die öffentliche Person. Das ist der Teil unserer Person, der sowohl uns als auch anderen bekannt ist und den wir offen und frei zeigen. Die Botschaften sind veröffentlichbar. Quadrant 2 oder B ist der Bereich des Verhaltens, der zwar mir bekannt und bewusst ist, den ich aber anderen nicht unbedingt bekannt machen will. Dieser Teil des Verhaltens ist für andere verborgen. Dazu gehören Gedanken und Aktionen, die wir anderen nicht gerne mitteilen, weil sie zu unseren empfindlichen Stellen gehören. Botschaften in diesem Bereich sind vertraulich.

Quadrant 3 bzw. C ist der blinde Fleck der Selbstwahrnehmung, d.h. der Teil des Verhaltens, der für andere sichtbar und erkennbar ist, mir selbst hingegen nicht bewusst ist, z.B. Gewohnheiten, Vorurteile, Körpergesten oder meine Reaktionsweisen in bestimmten Situationen. Andere jedoch können diese Verhaltensweisen bemerken. Unbewusst, z.B. durch Körperhaltungen, Mimik, Gestik oder Füllworte vermittelte Botschaften gehören in diesen Bereich.

Im Quadrant D oder 4 werden die Vorgänge erfasst, die weder mir noch andern bekannt sind und sich in dem Bereich bewegen, der in der Tiefenpsychologie „Das Unbewusste" genannt wird. Dabei kann es sich z.B. um Traumata, Verdrängtes, frühkindliche psychische Verletzungen handeln. Dieser Bereich kann mit psychotherapeutischer Begleitung vorsichtig erkundet werden. Er ist in alltäglichen Situationen dadurch zu erkennen, dass Botschaften eine unerwartet starke emotionale Färbung haben.

Zu Beginn einer neuen Gruppe ist Quadrat 1, der Bereich der freien Aktivitäten, sehr klein. Wenig freie und spontane Aktionen sind zu registrieren. Für das Zusammenwachsen der Gruppe zu einem arbeitsfähigen Team müssen wir diesen Bereich erweitern. Ziel im Gruppenprozess muss es sein, mit Hilfe des Feedback-Prozesses Quadrant 1 zu vergrößern und die Quadranten 2 und 3 zu verringern. Den Quadranten 4 überlassen wir besser den Psychologen. Durch Feedback werden die blinden Flecke aller Beteiligten deutlich, und Selbstbild und Fremdbild gleichen sich an.

Möglichkeiten, den Quadranten 1 zu vergrößern, sind größtmögliche Offenheit der Einzelnen und Feedback. Positive Neugier auf sich selbst und Andere, der Wille zu lernen und eine wertschätzende Atmosphäre sind Voraussetzungen.[8]

Auf zwei Faktoren möchte ich in diesem Zusammenhang noch aufmerksam machen: Erstens brauchen wir Geduld mit uns und mit anderen, weil Veränderungen – selbst wenn wir sie anstreben – Zeit brauchen. Gewohnheiten sitzen meist sehr fest und lassen sich nur mit viel Übung ablegen. Und zweitens möchte ich noch „emotionale Botschaften" (Quadrant 4) ansprechen: Manchmal mögen wir uns darüber wundern, dass ein Mitarbeiter oder Kollege wegen eines relativ unbedeutenden Vorfalls hochemotional reagiert. In diesen Fällen ist es sehr wahrscheinlich, dass eine alte psychische Wunde aufgerissen wurde, die dem Betroffenen unter Umständen selbst

---

[8] Vgl. auch: http://www.ibim.de/techniken/6-3.htm

nicht bewusst ist. Eine sensible Reaktion der Führungskraft, die das Bedürfnis des Senders hinter dieser Botschaft erkennt, wirkt häufig auf wunderbare Art deeskalierend.

3.4.2 Soziometrie und Soziogramm

Mit der Soziometrie und dem Soziogramm finden wir weitere teamdiagnostische Instrumente. Jacob Levy Moreno (* 18. Mai 1889 in Bukarest; † 14. Mai 1974 in Beacon, New York; österreichisch-amerikanischer Arzt, Psychiater, Soziologe)[9] gilt als ein Begründer des Psychodramas, der Soziometrie und der Gruppenpsychotherapie. Mit dem von ihm vorgestellten und von anderen Wissenschaftlern weiterentwickelten Soziogramm können wir Sympathie und Ablehnung zwischen den Gruppenmitgliedern erfassen. Zunächst zur Soziometrie: Um den Beliebtheitsführer eines sozialen Gebildes herauszufinden, können wir den Mitgliedern Fragen stellen wie: „Wer ist ihnen besonders sympathisch?" oder „Mit wem würden sie gerne in Urlaub fahren?"; bei Kindern: „Wem möchtest Du gerne ein Bonbon schenken?" o.ä.. Mit Fragen wie „Mit wem würden Sie gerne ein größeres Projekt bearbeiten?" oder „Mit wem würden sie gerne zusammen lernen?" erfahren wir den Tüchtigkeitsführer einer Arbeitsgruppe. Werden diese Fragen allen Teammitgliedern gestellt, verdeutlicht die Anzahl der Wahlen die Gesamtstruktur einer Gruppe und die Rollenverteilung der Einzelnen.

Mit dem Soziogramm können wir erfahren und grafisch darstellen, wie ein einzelnes Teammitglied die Beziehungen in seinem Team einschätzt. Dazu bitten wir den betreffenden Mitarbeiter darum, die

---

[9] http://de.wikipedia.org/wiki/Jacob_Levy_Moreno

einzelnen Mitglieder des Teams durch Buchstaben oder Kreise symbolisiert auf einem Papierbogen darzustellen, und zwar unter Berücksichtigung von Nähe und Distanz. Die räumliche Nähe definiert dabei auch die emotionale Zugewandtheit zu den anderen Teilnehmenden. D.h., die Symbole für die Mitglieder, die distanzierter zu ihm positioniert sind, sind neutral bis negativ besetzt. Die Sympathiebeziehungen (Wahlen) werden durch Pfeile dargestellt. Die Pfeillänge einer Strecke zwischen zwei Personen zeigt die (emotionale) Distanz und die Pfeilspitze die Richtung der Wahl an. Gestrichelte Pfeile bedeuten Ablehnung und volle Pfeile Sympathie. Zusätzlich können wir den Mitarbeiter darum bitten, verschiedene Farben für die Pfeile auf die Personen zu nutzen, mit denen sie gerne in Urlaub fahren bzw. ein großes Projekt durchführen wollen (Beliebtheits- bzw. Tüchtigkeitsführer).

Wenn das Soziogramm mit allen Gruppenmitgliedern durchgeführt wird, verdeutlicht es die gesamte Gruppenstruktur und offenbart zentrale Bezugspersonen (Führer) und Außenseiter. Außerdem erhalten wir Informationen darüber, wie der Zusammenhalt (die Kohäsion) in der Gruppe ist. So ist z.B. leicht abzulesen, ob das Gruppenklima insgesamt positiv ist oder ob sich rivalisierende Subgruppen gebildet haben.

4 Kontext der Beratung

4.1 Beratungsanlässe

Beratungsanlässe können im beruflichen und im privaten Bereich liegen. Sie betreffen Einzelne, Paare, Teams oder Familien sehr unterschiedlicher Herkunft und Zusammensetzung mit vielfältigen Einstellungen. Dabei ist das auslösende Problem oft nur vordergründig. Für die Einzelnen stellt es zu diesem Zeitpunkt die Lösung anderer Probleme und die bestmögliche Art zu Überleben dar. Wirkliche Lösungen sind häufig nur mit noch größerem Kraftaufwand und Verlusten erreichbar und daher manchmal nicht wirklich erwünscht.

Neben der freiwilligen Beratung kann Beratung auch unter Zwang erfolgen. Diese Konstellation hat natürlich großen Einfluss auf die Eingangssituation.

Zu Beginn der Beratung entwickeln wir mit der Familie zusammen ein klares Ziel für einen Zustand ohne Symptom. Dieses Bild ist eine Grundvoraussetzung für den Wandel. Es weist uns sozusagen den Weg. Auch die Frage nach den Ausnahmen, also wann oder wie es ausnahmsweise mal einen symptomfreien Zustand gab, kann bei der Lösungssuche helfen.

Die Ressourcen, über die Familien und Einzelne verfügen, sind wichtige Hilfsmittel beim Beschreiten dieses Lösungsweges. Sie sind vergleichbar mit der Ausrüstung, die ein Wanderer sich zusammenstellt, um eine schwierige Passage seines Weges zu meistern. Über den gesamten Beratungsprozess hinweg machen wir uns immer wieder die Ressourcen unserer Klienten bewusst. Einige Fragen aus dem PELZ-Modell (Anhang) sind dazu geeignet,

Ressourcen aufzudecken und bewusst zu machen. Auch das später beschriebene Fähigkeitsprofil ist anwendbar.

Oftmals sind wir als Berater etwas ungeduldig. Wir wollen schnell helfen und haben aufgrund unserer umfangreichen Erfahrungen auch gute Ratschläge, die schnell zum gewünschten Ziel führen würden. Dabei vergessen wir manchmal, dass unsere Klienten an einem ganz anderen Punkt stehen als wir. Die Folge ist, dass sie nicht „mitziehen". Das wiederum frustriert uns. Wir wissen doch so gut Bescheid! Dabei vergessen wir, das jedes System nach dem Homöosthase-Prinzip funktioniert und aus sich selbst heraus Wachstum anstrebt. Das bedeutet, das Widerstand ein Zeichen für nichterkannte Gefahren ist. Wir müssen davon ausgehen, dass unsere Klienten immer kooperieren, wenn der von uns aufgezeigte Weg für sie gangbar ist. Deshalb sollten wir beachten, dass ein kleiner Schritt oftmals große Folgen hat. Ich denke dabei auch an die Legende von Atlas, der die Welt mit einem Hebel, am richtigen Fleck angesetzt, aus den Angeln heben kann.

Eine letzte Anmerkung in diesem Zusammenhang: Wir können auch „verdeckt" helfen. Mit Analogien, Metaphern, Geschichten aus der Mythologie oder ähnlichem können wir Lösungswege aufzeigen, die vorerst nicht bewusst zu sein brauchen. Genauso sind einige wirkungsvolle Instrumente aus dem neurolinguistischen Programmieren, die Bandler und Grinder von sehr guten Therapeuten modellhaft nachzuvollziehen, anwendbar, ohne dass der Berater wissen muss, was im Klienten vorgeht (z.B. Time Line, Alignment-Strategie, Sixstep-Reframing, s. Kap. 13).

4.2 Das Beratungssetting

Wir können das Gesprächsklima wesentlich beeinflussen, indem wir auf einige wenige grundlegende Punkte achten. Ziel ist es, ein annähernd gleichberechtigtes Gespräch zu führen, in dem die Bedürfnisse aller Teilnehmer berücksichtigt werden. Wir wollen Barrieren abbauen, Kontakt ermöglichen und für die Integration aller Teilnehmer sorgen. Das bewirken wir am Besten, wenn wir die beiden grundsätzlichen überlebensnotwendigen Dimensionen für alle Lebewesen berücksichtigen: Raum und Zeit.

4.2.1 Raum

Wir alle kennen den unangenehmen Zustand, der sich einstellt, wenn ein fremder Mensch unsere Distanzzonen überschreitet. Leicht stellen sich Gefühle der Enge, der Bedrohung oder der Konfrontation ein. (Das Wort „Angst" steht etymologisch übrigens im Zusammenhang mit dem Begriff „Enge"). Deshalb ist es sinnvoll, bei der Einrichtung unseres Beratungsraumes darauf zu achten, wie wir mit dem vorhandenen Raum umgehen. Ich bin zwar davon überzeugt, dass es Situationen gibt, in denen es sinnvoll ist, dass wir uns klar positionieren und unsere Gesprächspartner konfrontieren. In pädagogischen Zusammenhängen halte ich das für sehr notwendig. Für ein lösungsorientiertes Gespräch ist es jedoch förderlich, wenn wir demokratisch mit dem vorhandenen Raum umgehen. Das bedeutet, dass jeder Gesprächsteilnehmer gleich viel Platz zur Verfügung hat und dass jeder den anderen gleich gut sehen kann. Praktisch gestalte ich das in Paarkonstellation indem ich mich in einem Winkel platziere, in Dreiergruppen bevorzuge ich das dreiblättrige Kleeblatt, in Vierergruppen den Glücksklee und ab fünf Personen einen Kreis.

Von Bedeutung ist es auch, wie das Licht in den Raum einfällt. Eine besonders gute Beobachterposition nehmen wir ein, wenn wir mit dem Licht sehen, d.h., das Fenster oder die künstliche Lichtquelle im Rücken haben.

Manchmal achte ich in Beratungssituationen etwas mehr auf meine Position, manchmal rücke ich ein Systemmitglied in die vorteilhaftere Position.

4.2.2 Zeit

In einem gleichberechtigten Gespräch haben alle Gesprächsteilnehmer annähernd gleich viel Zeit für ihre Einlassungen zur Verfügung. Das bedeutet in einem Zweiergespräch jeweils 50 % der Redezeit. Immer, wenn ein Gesprächspartner mehr oder weniger redet, haben wir es mit einer asymmetrischen Kommunikationssituation zu tun. An der Verteilung der Redezeit können wir erkennen, wer das Gespräch gerade dominiert. In Konferenzen oder Teamsitzungen dominiert meist der Chef, in Prüfungen und Examen sollte (ich beobachte manchmal abweichende Situationen) der Prüfling mehr zu sagen haben als der Prüfer. Wer mehr oder weniger redet, ist also von Situation zu Situation unterschiedlich, immer haben wir es jedoch mit Ungleichberechtigung zu tun.

5 Die Beraterpersönlichkeit

Es wird viel, sehr viel von uns Beratern erwartet: Wir sollen vertrauenerweckend sein, unseren Mitmenschen respektvoll, zugewandt und offen begegnen, für jedes Systemmitglied positive Veränderungen bewirken, d.h., allparteilich sein, dazu natürlich fachlich versiert und methodisch kompetent. Hinzu kommt noch eine Prise Humor, damit die Medizin nicht allzu bitter schmeckt und natürlich unsere Orientierung auf die Lösung, die wir kreativ gemeinsam mit unseren Klienten entwickeln.

Ein Wort zur Allparteilichkeit: Sie hat die Neutralität abgelöst. „Neutral" wurde als zu distanziert empfunden, während „Allparteilichkeit" Zuwendung zu allen Systemmitgliedern impliziert. Ein „Beleg" für die Allparteilichkeit des Beraters ist die Berücksichtigung von gleichem Raum und gleicher Redezeit für alle Beteiligten.

Carl Rogers[10] nennt als Voraussetzungen für eine tragfähige Beziehung als Werthaltungen für den Berater und die Beraterin Wertschätzung, Authentizität und Empathie. Ich habe mir eine Eselsbrücke gebaut und das Akronym „R-E-E", den Seglerbefehl für eine Wende, entwickelt. Ich nutze die Synonyme Respekt, Empathie und Echtheit.

---

[10] Carl R. Rogers: **Therapeut und Klient. Grundlagen der Gesprächspsychotherapie**. Fischer Taschenbuch Verlag, München 2007, S. 23 ff.

5.1 Respekt / Wertschätzung

Wörtlich übersetzt der Begriff „Respekt" (lat.: respectus) „das Zurückblicken, Rücksicht". Das bedeutet, Rücksicht auf die Interessen, Einstellungen, Werte, Bedürfnisse und Gefühle des Gegenübers zu nehmen. Die Lebensäußerungen unseres Gesprächspartners ernst nehmen, wertschätzen und anerkennen. Wir nutzen es heute im Sinne von Achtung, Hochachtung, vielleicht sogar Ehrfurcht. Mit Respekt drücken wir eine Anerkennung aus, die sich in unserer Körpersprache, unserer Wortwahl und unserer ganzen Haltung ausdrückt. Wertschätzung beinhaltet die vollständige und bedingungsfreie Akzeptanz des Erlebens und Verhaltens des Klienten, auch und vielleicht gerade dann, wenn wir selbst damit nicht übereinstimmen.

5.2 Empathie

Aronson et al.[11] definieren Empathie als die „Fähigkeit, uns selbst in die Lage eines anderen Menschen zu versetzen und die Ereignisse und Emotionen so zu fühlen, wie der andere sie erlebt." Wenn wir unsere Sinne vollständig auf unseren Gesprächspartner ausrichten, erkennen wir an Mimik und Gestik oder anderen körperlichen Symptomen Anzeichen für dessen Empfindungen. Wir können den Zustand, in dem der andere ist, in etwa nachvollziehen, weil einige seelische Kräfte und Entwicklungen bei allen Menschen in ähnlicher Weise wirksam sind.[12]. Wenn wir die Emotionen und Beweggründe

---

[11] Elliot Aronson, Timothy D. Wilson, Robin M. Akert: **Sozialpsychologie**. Pearson Studium, München 2004, S. 409
[12] Ludwig Knoll: **Lexikon der praktischen Psychologie**. Gustav Lübbe Verlag, Bergisch Gladbach, o.J. S. 75

unseres Gesprächspartners emotional nachvollziehen können, ohne allerdings mitzuleiden, behalten wir auf der einen Seite unsere professionelle Distanz und bewirken andererseits allein durch das gezeigte Verständnis eine Selbstwertstärkung und Linderung des Leidens. Wenn wir identifiziert sind, d.h., uns emotional in den gleichen Zustand bringen wie unsere Klienten, haben wir unsere professionelle Distanz verloren und sind nicht mehr in der Lage, Unterstützung zu gewähren.

5.3 Echtheit

Echtheit oder Kongruenz des Therapeuten sieht Rogers als die grundlegendste Bedingung therapeutischen Vorgehens an. Authentizität, erreichen wir, wenn unser Fühlen, Denken und Handeln übereinstimmt. Dazu gehört, dass wir meinen, was wir sagen und tun, was wir angekündigt haben. Versprechen und Verabredungen einzuhalten, keine Halbwahrheiten zu verkünden oder ständig zugewandt zu bleiben ist sicher sehr schwer. Wir sollten uns allerdings darüber bewusst sein, dass jeder Verstoß gegen diese Voraussetzungen das Vertrauen und damit unser Beziehungskonto belastet.

6 Kommunikative Voraussetzungen

Evolutionstheoretiker haben herausgefunden, dass Gesellschaften, die kooperieren, höhere Lebensstandards entwickeln, als soziale Gemeinschaften, in denen die Einzelnen sich nicht gegenseitig unterstützen oder sogar bekämpfen. Die Fähigkeit zur Kooperation hat also eine wesentliche Funktion in der Geschichte der Menschheitsentwicklung. Kooperation wiederum ist ohne Kommunikation nicht möglich. Wahrscheinlich hat sich Sprache in der Geschichte der Menschheitsentwicklung aus der Notwendigkeit zur Zusammenarbeit heraus entwickelt.

In einer sozialen Situation kann man, wie wir von Watzlawick wissen, nicht nicht kommunizieren oder, wie Luhmann sinngemäß sagt: es gibt keine Gesellschaft ohne Kommunikation und keine Kommunikation ohne Gesellschaft[13]. Kommunizieren ist also soziales Handeln. Wo immer aber verschiedene Menschen sich treffen, treffen auch verschiedene Sozialisationen, Erfahrungen, Wirklichkeitskonstruktionen, Werte, Einstellungen, Meinungen, Wünsche, Bedürfnisse usw. aufeinander. Damit wir uns miteinander verständigen können, müssen wir uns in gegenseitigem Respekt regelrecht „erkunden".

Verständigung gelingt, wenn die Gesprächspartner in einer wertschätzenden, nondirektiven Haltung (vgl. Rogers aaO) miteinander kommunizieren. Diese Haltung ist in Kommunikationstrainings kaum zu vermitteln. Zu ihr müssen wir uns entscheiden. Die Kommunikationsinstrumente, die ich in der Folge beschreibe, können

---

[13] Niklas Luhmann: **Einführung in die Systemtheorie**. Carl-Auer Systeme-Verlag, Heidelberg 2004, S. 12 ff.

aber Ausdruck dieser Haltung sein bzw. unterstützend wirken. Das Aktive Zuhören ist das aus meiner Sicht wichtigste deeskalierende Instrument. Mit Ich-Botschaften übermitteln wir dem Gesprächspartner unsere Bedürfnisse und Wünsche. Fragen stellen wir, um Informationen zu erlangen und Beziehungen zu erkennen. Feedback-Regeln möchte ich als Programm für Problem- und Kritikgespräche vorstellen.

Doch zunächst möchte ich die theoretischen Grundlagen beschreiben, aus denen heraus sich die Instrumente verstehen lassen.

6.1 Theoretische Grundlagen und Modelle
6.1.1 Sender-Empfänger-Modell

Eine Verbildlichung dessen, wie Informationen übermittelt werden, liefert das Sender-Empfänger-Modell. Der Sender übermittelt via Medium (Sprache, Brief, Symbolik usw.) encodiert eine Information, die vom Empfänger aufgenommen wird. Dieser decodiert die Information mit den ihm zur Verfügung stehenden Mitteln und antwortet darauf, er wird seinerseits zum Sender.

Thomas Gordon[14] hat ein aussagekräftiges Beispiel für das Sender-Empfänger-Modell veröffentlicht, das gleichzeitig über die Funktion und Wirkung von Ich-Botschaften Auskunft gibt. Die folgende Grafik beschreibt eine Situation, in der ein Elternteil müde nach Hause kommt. Das Kind erwartet ihn bereits und will spielen. Mutter oder Vater reagieren oft wie im ersten Beispiel formuliert:

---

[14] Thomas Gordon: Familienkonferenz. Hoffmann & Campe Verlag, Hamburg, 1972

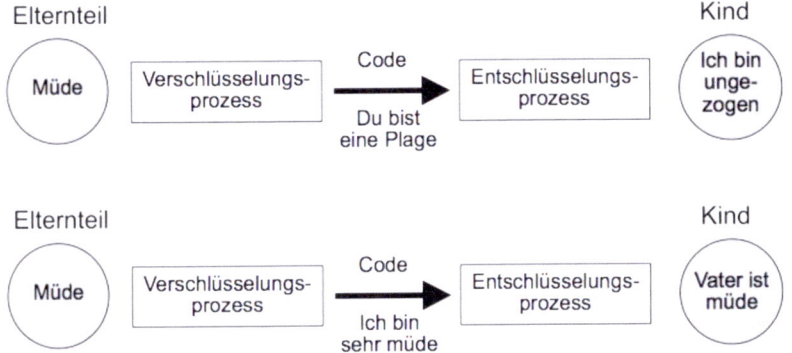

Hier wird deutlich, dass sowohl in der Codierung des Senders als auch beim Decodieren des Empfängers Missverständnisse entstehen können.

Der Sender codiert im ersten Beispiel nicht seine Befindlichkeit. Das

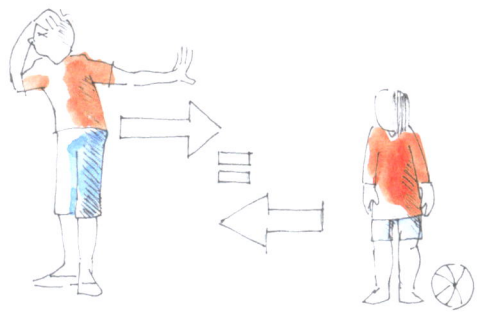

führt dazu, dass der Empfänger die Aussage auf sich bezieht. Der Empfänger, in diesem Fall ein Kind, fühlt sich abgelehnt.

Anders im zweiten Beispiel. Hier formuliert der Sender deutlich seinen Zustand. Der Empfänger hat eine sehr viel größere Chance, korrekt zu decodieren. Hier: „Vater geht es nicht gut". Als Nebenprodukt der sensiblen Codierung entsteht auf der Empfängerseite meist der Effekt, Rücksicht nehmen zu wollen.

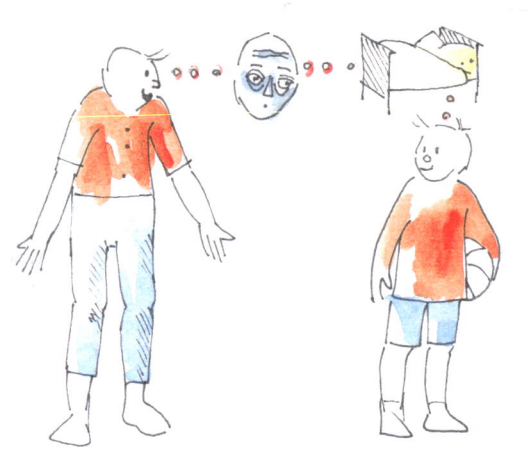

Soziale Kommunikation ist ein zirkulärer Prozess. Der Empfänger wird durch seine Reaktion auf die wahrgenommenen Reize nun seinerseits zum Sender usw.. Letztlich verdeutlicht dieser Kreislauf, dass die meisten sozialen Interaktionen im Grunde genommen Reaktionen sind. Zum Schluss weiß man manchmal gar nicht mehr, wer eigentlich den Anstoß gegeben hat.

6.1.2 Das Eisberg-Modell

Das Eisberg-Modell beschreibt das Phänomen, dass 6/7 der Kommunikation auf der Beziehungsebene stattfindet. Nur 1/7 (der Teil des Eisbergs, der über Wasser ist) macht die Sachebene aus. Daraus folgt, dass Probleme zwischen Menschen, die sich nicht gut verstehen, erst gelöst werden können, wenn die Beziehung geklärt ist. Das ist leicht nachzuvollziehen: Kaufen Sie einem Verkäufer etwas ab, der Ihnen unsympathisch ist?

Während es auf der Sachebene um eine bestimmte Frage, ein spezifisches Problem oder auch ein besonderes Thema geht, behandelt die Beziehungsebene die Verbindung zwischen den Gesprächspartnern.

Beziehung lässt sich dabei sehr gut über den Raum mit seiner vertikalen und horizontalen Dimension definieren. Die vertikale Ebene bestimmt die Positionen der Gesprächspartner, das „Oben und Unten", die horizontale Dimension gibt Auskunft darüber, wie nah oder distanziert die beiden zueinander stehen. Dabei wird Nähe auch durch die Häufigkeit der Kontakte hergestellt und natürlich spielt auch Sympathie eine große Rolle. Ich vermute, dass Sympathie stark mit den (unterschiedlichen oder gleichlautenden) inneren Antreibern, den Emotionen der Beteiligten zusammen hängt.

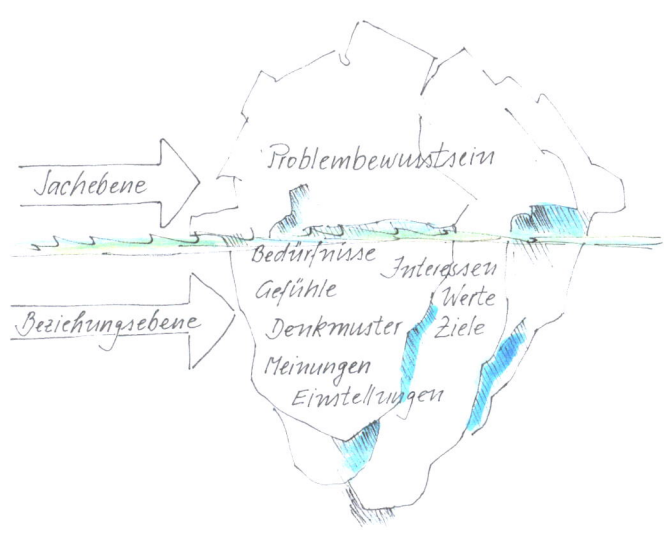

Meine Definition für Emotionen leite ich aus der lateinischen Übersetzung von „ex movere" ab, was so viel bedeutet wie: aus dem Inneren heraus ausgelöste Bewegungsimpulse.

Emotionen, also die inneren Antreiber von Menschen, sind demnach in erster Linie

1. **Bedürfnisse**. Befriedigte oder unbefriedigte Bedürfnisse wiederum lösen
2. Lust- oder Unlust**gefühle** aus, die wir entweder suchen oder vermeiden wollen. In Bewegung bringen uns auch die
3. **Werte**, für die wir einstehen, unsere
4. **Meinungen und Überzeugungen**, unsere
5. **Interessen** und – für das berufliche Weiterkommen wichtig – unsere
6. **Ziele**.

6.1.3 Kommunikation und Wahrnehmung

„In einer sozialen Situation kann man nicht nicht kommunizieren" lautet das 1. Axiom der Kommunikation von Paul Watzlawick.[15] Wir kommunizieren also immer. Unsere Gesprächspartner nehmen über unsere Körpersprache – sogar oder erst Recht durch unser Schweigen – Informationen über unsere Befindlichkeit wahr. Diese Signale sind als Mitteilungen zu verstehen, die auf der Beziehungsebene, die ihren Ausdruck in der Stimme und in der Körpersprache findet, ihre Wirkung entfalten. Es wirkt sich selbstverständlich erheblich auf das Gesprächsergebnis aus, ob Menschen sich mit offener und freund-

---

[15] aaO S. 324

licher oder verschlossener und abweisender Haltung begegnen. Grund genug, sich mit Wahrnehmung intensiver zu beschäftigen. Was nehmen wir eigentlich wirklich wahr? Was sind Interpretationen und Wertungen?

Psychologisch wird Wahrnehmung als Prozess verstanden, der aus Informationsaufnahme, -verarbeitung und -bewertung besteht. Aus den Unmengen von Reizen, die uns umgeben, nehmen wir Menschen nur einen sehr geringen Teil auf. Wesentlich an dieser Selektion sind neben den organisch bedingten Grenzen unter anderem unsere Interessen und Motive beteiligt. Aus psychologischer Sicht ist Wahrnehmung und Bewertung also eigentlich nicht zu trennen. Aktuelle Forschungen beschäftigen sich mit der Frage, was vorrangig ist, Kognition oder Emotion? Ich denke, es ist sogar in vielen Situationen sehr wichtig, schnell zu entscheiden, wie sich eine Situation z.B. auf meine Gesundheit auswirkt. Wie kommt es also immer wieder zu der in Feedback-Regeln empfohlenen Anweisung, Wahrnehmung und Interpretationen zu trennen?

Ich habe mich für mich entschieden, diese Dichotomie aufzulösen, indem ich mich darum bemühe (und ich erlebe das als sehr anstrengend) die Interpretation zwar zuzulassen, aber vorerst zurückzustellen.

Worauf muss ich nun achten, wenn ich eine Situation wahrnehmungsspezifisch beschreiben will? Was ist wahrnehmbar? Wahrnehmbar sind Bewegungen, also Gestik und Mimik, die Körperhaltung, der Stand, der Gang, das Äußere, Farben, Formen, Maße, wahrnehmbar sind Worte und Sätze, ist die Stimme, vielleicht Tonhöhe und Sprechgeschwindigkeit. Wahrnehmbar ist alles, was ich mit meinen Sinnen aufnehmen kann, also alle visuellen, auditiven, kinästhetischen, olfaktorischen und gustatorischen Reize. D.h., ich kann sehen, hören, fühlen/empfinden, riechen und schmecken. Nicht mehr und nicht weniger. Auditive Reize gebe ich am liebsten als wörtliche Rede wieder. Mehr braucht es nicht. Alles andere wären Diagnosen oder Bewertungen.

Eine inzwischen übliche Bezeichnung für die Wahrnehmung über die Sinne ist „VAKOG". Dabei bezeichnen die Anfangsbuchstaben jeweils einen spezifischen Sinn. Die folgende Liste, die ich häufig zusammen mit Teilnehmern entwickle, stellt einen Versuch dar, die verschiedenen Reize sinnesspezifisch zu ordnen.

Visuell	Auditiv	Kinästhetisch	Olfaktorisch	Gustatorisch
Bewegung	Stimme	Berührungen	Chemikalien	süß
Mimik	Worte	Druck	Naturdüfte	sauer
Gestik	Sätze	Schmerz	Parfüms	salzig
Haltung	Geräusche	Temperaturen	Körpergerüche	bitter
Gang	...	Feuchtigkeit	Rauch	
Formen		Vibration	...	
Farben				
...				

Interessant und aufschlussreich ist der Versuch, eine soziale Situation, die emotionale Anteile hatte, wahrnehmungsspezifisch zu beschreiben. Sehr häufig entdecken wir bei eingehender Überprüfung noch Interpretationen und Bewertungen.

Was kann ich durch die Zurückstellung der Interpretation nun Positives erreichen? Wenn ich vor meiner Bewertung die Situation wahrnehmungsspezifisch analysiere, eröffnen sich meist mehrere Bewertungsalternativen. Ich werfe die Frage auf, wie ein Schreiben, eine Ankündigung oder eine Mitteilung noch gemeint sein könnte?

Diese Bewertungsalternativen wiederum eröffnen die Chancen zu mehreren Handlungsalternativen. Ich gewinne dadurch also wesentlich mehr Entscheidungskompetenz. Ein weiterer Grund ist, dass durch die Beschreibung der Situation, wie ich sie wahrgenommen habe, auch mein Gesprächspartner den Ablauf noch einmal reflektieren kann. Er hat die Möglichkeit, mir entweder zuzustimmen oder mich zu berichtigen. Gemeinsam erarbeiten wir uns so eine zumindest annähernd identische Repräsentation der vorangegangenen Handlungen. Ich habe also erst einmal eine Verständigung über einen Ablauf hergestellt. Dadurch fühlt sich mein Gesprächspartner ernst genommen und geachtet.

6.1.4 Kommunikation und Selbstwert

Ein Gespräch kann nur optimal verlaufen, wenn beide Partner das Selbstwertgefühl des jeweils anderen achten. Wann immer das Selbstwertgefühl eines Gesprächspartners verletzt wird, leidet die Kommunikation. Alles, was man in einem solchen Fall tut, tut man letztlich, um das Selbstwertgefühl zu erhalten, zu verteidigen oder zu verbessern.[16] In einer solchen Situation wird das Thema nebensächlich; zumindest einer der beiden Beteiligten ist mit etwas ganz anderem beschäftigt. Für ein lösungsorientiertes Gespräch ist es also unerlässlich, sich in gegenseitigem Respekt zu begegnen.

Was ist eigentlich das Selbstwertgefühl? Was beinhaltet es und wie wird es gebildet? Ein aus meiner Sicht sehr hilfreiches Konstrukt liefert hierzu Branden[17]. Branden definiert als Bestandteile des

---

[16]Birkenbihl, aaO S. 37
[17]Branden, aaO. S. 76

Selbstwertgefühls die Selbstachtung und die Selbstwirksamkeit. Diese beiden Inhalte ruhen seiner Beschreibung nach auf sechs unverzichtbaren Säulen. Selbstachtung und Selbstwirksamkeit werden getragen von der Selbstbewusstheit, der Selbstbehauptung, der Selbstannahme, der Eigenverantwortlichkeit, der Zielorientierung und von Integrität/Loyalität.

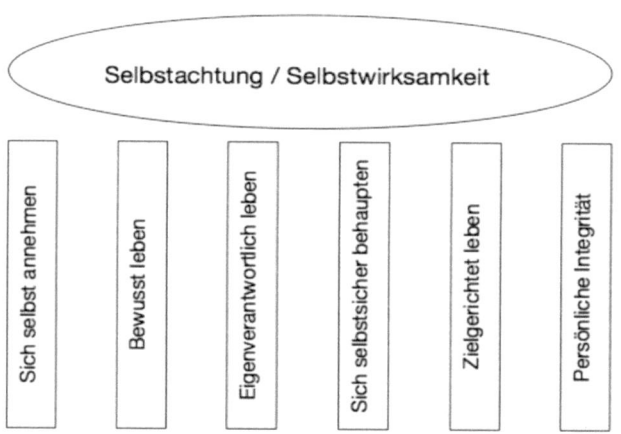

Selbstachtung heißt für mich zum einen, sich selbst zu respektieren. Zum anderen gehört zur Achtung für mich ein Wissen um die Wichtigkeit und Einzigartigkeit des eigenen Seins, einschließlich des eigenen Körpers, das sich in einer gesunden Lebensweise äußert. Stephen R. Covey[18] definiert vier Bereiche des Selbst, hier sinngemäß wiedergegeben in 1. die sozialen Beziehungen, 2. den sozialen Beitrag (Leistung/Arbeit), 3. den Körper und 4. die persönliche Entwicklung. Selbstachtung bedeutet, in allen vier Bereichen auf die eigenen Bedürfnisse, Interessen, die zugrunde liegenden Werte und Ziele zu

---

[18]Covey, aaO, S. 293

achten. Ich weiß, dass es, was den Körper betrifft, nicht immer einfach ist, sich gesund zu ernähren, Sport zu treiben und auf ungesunden Genuss zu verzichten. Auch kurzfristig befriedigende Vergnügungen bringen uns immer wieder vom eigentlichen Entwicklungsziel ab. Wichtig ist, dass wir uns immer wieder an uns selbst erinnern.

Der zweite Bestandteil des Selbstwertgefühls, die Selbstwirksamkeit, wird verstanden als ein Bewusstsein über das eigene Wissen und die eigenen Fähigkeiten. Dieses Wissen ist deswegen so besonders wertvoll, weil es in einem direkten Zusammenhang zur Handlungsfähigkeit steht. Aufgaben, von denen ich weiß, dass ich die Fähigkeiten habe, sie zu bewältigen, fallen mir selbstverständlich leichter.

Um zu einer Einschätzung der eigenen Selbstwirksamkeit zu gelangen, empfiehlt es sich, ein Fähigkeitsprofil anzulegen. Ich gebe an dieser Stelle oft die Aufgabe an die Teilnehmenden meiner Kurse, eine dreispaltige Tabelle anzulegen.[19] Die erste Spalte erhält die Überschrift „Funktion/Rolle". Die mittlere Spalte wird mit „Tätigkeiten/Operationen" bzw. „Kenntnisse" überschrieben. Die dritte Spalte lasse ich vorerst frei, bis ich die beiden anderen Spalten an einer Funktion (meist beruflicher Art) erläutert habe. Ich bitte hierzu einen Teilnehmer oder eine Teilnehmerin um Mitwirkung und arbeite dann auf Zuruf. Das ist gar nicht so einfach, die eigentlichen Tätigkeiten zu identifizieren, weil viele Menschen an dieser Stelle sehr verallgemeinern. Es fällt ihnen schwer, ins Detail zu gehen und wirklich operative Inhalte zu nennen. Die Frage lautet hier: „Was genau tun Sie, wenn Sie (z.B.) Veranstaltungen organisieren?"

---

[19]Pfeiffer, aaO S. 118

Erst, wenn der operative Anteil ausführlich beschrieben ist, komme ich zur dritten Spalte. Sie wird mit „Eigenschaften" überschrieben. Wie muss ein Mensch sein, welche Eigenschaften muss er haben, um die festgehaltenen Aufgaben zu lösen? Wenn ich mit meiner Erläuterung so weit bin, bitte ich darum, sich zuhause eine halbe bis dreiviertel Stunde bei einer Tasse Tee und Kerzenschein Zeit zu nehmen und das Fähigkeitsprofil zu vervollständigen. Ich bin davon überzeugt, dass diese Übung sehr zu einer Erhöhung des Selbstwertgefühls beitragen kann. Für Arbeit suchende Menschen ist ein Fähigkeitsprofil überdies eine gute Grundlage für die Selbstpräsentation.

Ich möchte mit dieser Übung dazu beitragen, Menschen, die mit Menschen arbeiten, Wissen über ihre Selbstwirksamkeit/ Handlungsfähigkeit zu vermitteln und es ihnen ermöglichen, mit einem gesunden Selbstverständnis ein Gespräch zu arrangieren. Und selbstverständlich ist diese Übung auch für Klienten sehr hilfreich.

6.1.5 Die vier Seiten einer Nachricht

Friedemann Schulz-von Thun beschreibt in Band 1 seiner viel beachteten Bücher „Miteinander Reden" Band 1 bis 3[20] die vier Seiten einer Nachricht. Außer den beiden von Watzlawick schon beschriebenen Aspekten (Sach- und Beziehungsaspekt) benennt von Thun noch den Selbstoffenbarungsanteil und den Appell als Bestandteile einer Nachricht.

---

[20] aaO S. 65

Die Bedeutung der verschiedenen Aspekte lässt sich wie folgt beschreiben:

Sachinhalt: Was sagt der Sprecher objektiv aus, als Tatsachenfeststellung, Behauptung oder Meinungsäußerung (nicht wichtig, ob er recht hat)?

Selbstoffenbarung: Was sagt der Sprecher über sich selbst? Was erfahren wir über seine Person, seine Stimmung, und über seinen emotionalen Zustand?

Beziehung: Wie sieht der Sprecher seine Beziehung zum Hörer? Als wen behandelt er ihn?

Appell: Was möchte der Sprecher beim Hörer damit erreichen?

Sach- und Beziehungsebene habe ich weiter oben schon beschrieben. Die Selbstoffenbarungsebene wird manchmal mit Attribuierungen, d.h. Eigenschaftszuschreibungen, gleichgesetzt. Gemeint ist allerdings: Was nehmen wir über die Körpersprache, die Stimme und die Wortwahl des Gesprächspartners von seinen Emotionen wahr? In welchem Zustand ist der Sender gerade? Wie geht es ihm?

Der Appell ist ein Wunsch oder eine Bitte des Senders, was der Empfänger tun oder unterlassen soll. Er wird häufig verschlüsselt geäußert. Für hilfsbereite Menschen reicht wahrscheinlich ein „Erna, mein Bier ist alle!" um sich auf den Weg zum Kühlschrank zu machen ...

6.2 Instrumente lösungsorientierter Gesprächsführung
6.2.1 Aufbau eines Beratungsgesprächs

Im Folgenden beziehe ich mich auf die Ausführungen über den Gesprächsaufbau bei Friedemann Schulz von Thun[21]. Schulz von Thun schlägt die Zeppelin-Form vor: Einleitung, Hauptteil, Schluss. Im Grunde genommen ist es die klassische Aufteilung jeder schriftlichen Ausarbeitung auf Gespräche übertragen. Grafisch dargestellt sieht das für die Moderation von Gruppengesprächen so aus:

In der Anfangsphase des Gesprächs, dem so genannten Warming up ist es wichtig, Kontakt mit allen Systemmitgliedern herzustellen und eine freundliche, annehmende Atmosphäre zu schaffen. Es bietet sich an, funktionierende Prozesse anzusprechen: „Wunderbar, dass Sie es

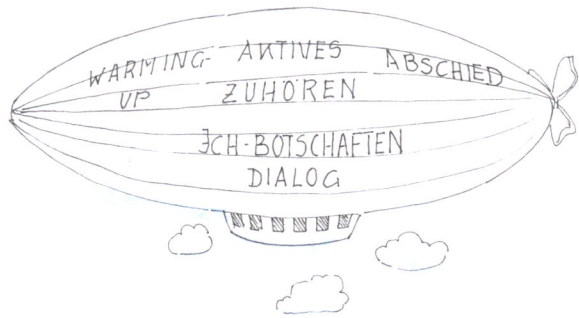

geschafft haben, den Auftrag XY trotz der ungünstigen Bedingungen zu erledigen!" o.ä. In der Anfangsphase geht es darum, Offenheit herstellen, die Angst zu reduzieren und die Aufgeregtheit abzubauen. Um Anschluss an Alle zu finden (Joining), begrüßen wir die Einzelnen

---

[21] aaO. S. 43

ihrer Funktion angemessen und wenden eine zielgruppengerechte Sprache an, d.h., wir passen auch unseren Wortschatz respektvoll an den unserer Gesprächspartner an. Wenn wir es noch dazu schaffen, beiläufig die Interessen des Teams aufzugreifen, wirken wir zusätzlich motivierend und anerkennend.

Nach der freundlichen Begrüßung und nachdem alle ihren Sitzplatz gefunden haben (zur „Sitzordnung" siehe Kap. 4), ist es möglich, erste Regeln einzuführen. Das gibt Sicherheit und bietet die Chance, darauf, wenn nötig, zurückzukommen. Häufig verzichte ich jedoch darauf und führe Regeln erst ein, wenn es einen Anlass dazu gibt. Auf jeden Fall aber gebe ich Orientierung über den Ablauf der Sitzung und über meine Rolle: Wer ich bin, meine Funktion im Zusammenhang mit der Beratung und Anhaltspunkte über meine Art der Moderation bzw. Vorgehensweise.

6.2.2 Entwickeln von Regeln

Ein Leben ohne Regeln, so vermute ich, würde dazu führen, dass viele von uns nicht sehr alt würden. Gewalt und das Recht des Stärkeren würden dazu führen, dass Unsicherheit und Angst einen sehr viel größeren Raum einnehmen, als das heute bei uns der Fall ist. Man stelle sich bloß einen ungeregelten Straßenverkehr vor. Vermutlich würden einige Teilnehmer ihr Auto als Waffe nutzen. Regeln sichern also zum einen unser Überleben und tragen zum anderen zu einem kooperativen Miteinander bei.

Ruth Cohn ist eine der bedeutendsten zeitgenössischen Psychologinnen. Ihre gruppentherapeutischen Erkenntnisse haben die psychologische Theorie und Praxis wesentlich beeinflusst. Cohn geht von Gruppen als Systeme aus, die aus Einzelnen (den individuelle Ichs), der Gemeinschaft Einzelner (dem Wir) und dem Thema (dem Es) bestehen. Alle drei Bestandteile beinhalten für sich gesehen wieder mehrere Faktoren. Außerdem bezieht Cohn die Umwelt, bei ihr: „Globe", in das Modell ein. Damit Gruppen gut zusammen arbeiten und das Thema im Mittelpunkt steht, sind Cohn zufolge Regeln erforderlich, die akzeptiert sind und Berechenbarkeit und Sicherheit gewährleisten. Einige dieser Regeln will ich hier wiederholen:

1. Jeder ist für sich selbst verantwortlich und bestimmt, was er sagen möchte oder nicht, und wann er es sagt. Jeder trägt die Verantwortung für das, was er sagt, selbst. Cohn macht damit darauf aufmerksam, dass (einem indianischen Sprichwort gemäß) Worte wie Pfeile sind. Einmal verschossen kann man sie nicht wieder zurückholen. Sie können allerdings viel Unheil anrichten.

2. Innere Störungen haben Vorrang. Wenn Sie sich nicht auf das Gespräch konzentrieren können, müssen Sie sich erst um die Gründe hierfür kümmern. Störungen ziehen viel Energie vom Thema ab. Damit sich die Gruppe wieder konzentriert um ihre Aufgabe kümmern kann, müssen die Störungen bearbeitet werden. Schwelende Konflikte würden das Arbeitsergebnis wahrscheinlich sehr viel mehr behindern als die durch die Bearbeitung der Störung beanspruchte Zeit.

3. Achten Sie nicht nur auf Ihre Sachaussagen, sondern auch auf Ihre Körpersprache. Denken Sie daran: Man kann nicht nicht kommunizieren!

   Hier möchte ich ein Beispiel einer anderen großen Therapeutin anfügen. Virginia Satir[22] ist von der Mutter einer ihrer Klientinnen mit einer Klage bedroht worden, sie entfremde ihr ihr Kind. Satir beschreibt, dass sie bei diesem Gespräch nicht auf die Aussage der Mutter, die beängstigend für sie war, gehört habe, sondern auf die Stimme und den Tonfall. Darin hat sie Verzweiflung gehört. Zu dieser Wahrnehmung hat sie dann auch Feedback gegeben und schließlich die ganze Familie in Behandlung gehabt. Das waren die Anfänge der Familientherapie.

4. Senden Sie Ich-Botschaften. Verstecken Sie sich nicht hinter anderen. Reden Sie nicht von „man" oder „wir". Diese Regel betrifft die Verantwortung für Entscheidungen in Gruppen. „Man" und „wir" verteilen die Verantwortung auf alle. Es entsteht eine sogenannte „Verantwortungsdiffusion". Konkret fühlt sich dadurch keiner mehr wirklich verantwortlich. Entscheidungen, für die selbst nicht eingestanden werden muss, werden häufig zu leichtfertig getroffen.[23] Manche Zustimmungen sind auch eine Folge des Gruppendrucks.

Weitere Regeln Cohns betreffen Feedback. Darauf gehe ich in Kap. 6.2.7 ein.

---

[22] Virginia Satir: **The New Peoplemaking**. Science and Behavior Books, Mountain View, California 1988

[23] vgl. zum Vorhergehenden Barbara Langmaack: **Einführung in die Themenzentrierte Interaktion TZI. Leben rund ums Dreieck.** Beltz Verlag, Weinheim, Basel 2009

6.2.3 Aktives Zuhören

Aktives Zuhören dient allein dem Zweck, den Gesprächspartner richtig zu verstehen und sich die Gesprächsinhalte besser einzuprägen. Eigene Gedanken und Ideen zu dem Thema, eigene Erfahrungen und alle autobiographischen Erkenntnisse werden zu einem späteren Zeitpunkt berücksichtigt. Aktives Zuhören klärt die Sachebene und hat eine wohltuende Wirkung auf der Beziehungsebene. Ich unterscheide drei Ebenen dieser Technik:

1. verbale und nonverbale Zuhörsignale
   Diese erste Stufe äußert sich in leisen „mhm", „ja ...", „aha" o.ä. und durch zugewandte Körperhaltung, Blickkontakt und Kopfnicken.
2. Paraphrasierungen
   Hier wird der Sachinhalt der Aussage des Gesprächspartners wiederholt. Das kann durch beiläufige, leisere Wiederholung eines Wortes oder Satzteiles bestehen oder auch, in ausgewählten Fällen, durch die Wiederholung/Zusammenfassung der gesamten Aussage. Die detaillierte Wiederholung wird in der Mediation, bei der Vergabe komplexer Aufgaben, bei der Annahme umfangreicher Aufträge oder bei einer Beschwerde äußerst zielführend angewandt. Es gehört einige Gewohnheit dazu, diese Methode selbstverständlich anzuwenden, so dass sie natürlich wirkt. Einleitend sollte der Gesprächspartner um sein Einverständnis gebeten werden, unterbrochen werden zu dürfen. Diese Bitte muss begründet werden: weil man nämlich wirklich richtig verstehen will. Im

Anschluss daran achten Sie bitte darauf, ob der Gesprächspartner durch Kopfnicken sein Einverständnis gibt.

3. Verbalisierung emotionaler Erlebnisinhalte

Die Verbalisierung emotionaler Erlebnisinhalte geht auf die Gefühlsebene des Gesprächspartners ein. Mit dieser Methode stärken wir den Selbstwert des Gesprächspartners, geben ihm das Gefühl, auch als Mensch verstanden zu werden und stärken die Beziehung zu ihm. Dazu formulieren wir mit einem leichten Fragezeichen die hinter einer Aussage vermuteten Gefühle (Beispiel: „Das ist sehr ärgerlich für Sie" oder „Da haben Sie sich so auf ... gefreut und jetzt sind Sie enttäuscht.") Dahmer/Dahmer [24] haben eine Liste von Gefühlen veröffentlicht, die in Beratungsgesprächen oft anklingen.

6.2.4 Fragentechniken

Fragen bieten sehr viele Vorteile: Sie bewirken, dass unser Gesprächspartner merkt, dass wir uns für seine Belange interessieren. Er fühlt sich aufmerksam und zuvorkommend behandelt. Wir bekommen durch Fragen mehr Informationen. Unsere Chancen, Situationen objektiver einzuschätzen, steigen. Außerdem gewinnen wir Zeit. Nicht umsonst heißt ein geflügeltes Wort: „Im Zweifelsfall nichts sagen, sondern fragen!" Fragen können sogar deeskalierend wirken, und zwar, indem sie einen Gesprächspartner, der gerade in einem Affekt befangen ist, zurück in sein „Denkhirn" lenken.

---

[24] ebd. S. 94 ff.

Um Informationen zu erlangen, bieten sich offene Fragen an (alle W-Fragen außer „warum"; besonders die sehr offene Erfahrungsfrage, die mit „welche" beginnt, ist wertvoll), möchte ich lediglich eine Entscheidung abrufen oder eine kurze Bestätigung erfahren, sind geschlossene Fragen sinnvoll. Eine Übung dazu, wie unterschiedlich offene und geschlossene Fragen wirken, finden Sie im Anhang.[25]

Fragen bergen allerdings auch Gefahren: Sie können die Kommunikation stören, wenn der Gesprächspartner z.B. nicht antworten will oder Ihre Frage als übergriffig empfindet und sich abgrenzt. Eine sehr elegantere Methode, ein gutes Gespräch zu führen und ein Thema zu vertiefen bietet das aktive Zuhören.

6.2.4.1 Geschlossene Fragen

Geschlossene Fragen sind alle Fragen, die sich nur mit ja, nein, vielleicht oder weiß-ich-nicht beantworten lassen und die mit einem Verb beginnen. Geschlossene Fragen eignen sich sehr gut, wenn man ein Gespräch abschließen will, einen Vielredner stoppen möchte (zwei geschlossene Fragen hintereinander sind bereits erfolgreich) oder nur eine kurze, präzise Information braucht. Der Gesprächspartner findet die Antwort auf eine geschlossene Frage meist sehr schnell. Würde man die Gehirnaktivitäten bei der Antwortsuche messen, würde wahrscheinlich nur ein kurzes Aufblitzen zu bemerken sein. Geschlossene Fragen sollte ich also formulieren, wenn ich lediglich eine Entscheidung abrufen oder eine kurze Bestätigung erfahren möchte.

---

[25] Hella Dahmer, Jürgen Dahmer: **Gesprächsführung. Eine praktische Anleitung.** Georg Thieme Verlag, Stuttgart, New York, 2003, S. 65 ff.

Folgende kleine Geschichte, die in ihrem Ursprung auf Aristoteles zurückgeführt wird, macht deutlich, wie wichtig es ist, eine Frage korrekt zu formulieren, wenn man für ein spezifisches Thema eine Antwort haben möchte:

Ein Mann wird von zwei Wachen in einem Raum gefangen gehalten, der zwei Ausgänge hat. Beide Türen sind geschlossen, aber nur eine ist zugesperrt. Der Gefangene weiß ferner, dass einer seiner Wächter stets die Wahrheit sagt, der andere dagegen immer lügt. Welcher der beiden aber der Lügner ist, weiß er nicht. Seine Aufgabe, von deren Lösung seine Freilassung abhängt, besteht darin, durch eine einzige geschlossene Frage an einen der beiden Wächter herauszufinden, welche der beiden Türen nicht versperrt ist. (Diese Aufgabe ist nur zu lösen, wenn man den einen Wärter nach der Antwort des anderen fragt: Eine Möglichkeit: „Was würde der andere sagen, wenn ich ihn frage, ob die rechte Tür versperrt ist?").

6.2.4.2 Offene Fragen

Möchte ich ein Gespräch vertiefen und umfangreiche Informationen erhalten, sind offene Fragen besser geeignet. Offene Fragen werden auch „Sokratische Fragen" genannt. Das sind alle W-Fragen, mit denen eine Situation intensiv analysiert und nachvollzogen werden kann, z.B. warum, wie, was, wer, wann, wo und welche. Sie werden in Wissenschaften und in der Kriminalistik besonders häufig gebraucht.

Diese offenen Fragen können wir auf einer Skala von mehr oder weniger offensiv bzw. defensiv einordnen, d.h., sie dringen mehr oder weniger aggressiv in den Gesprächspartner ein. Die Warum-Frage ist als sehr offensiv einzustufen. Sie wird häufig als Schuldfrage gestellt und löst Verteidigungs- und Rechtfertigungsmechanismen aus. In den meisten Fällen ist sie auch nicht besonders geeignet, um vertiefende Informationen zu erlangen. Der Befragte antwortet dann nur mit dem, was ihm gerade einfällt oder mit einem zurecht gelegten Grund. Will man mehr über eine Situation erfahren, sind die Frage nach dem Wie (z.B.: Wie ist es dazu gekommen?) oder nach dem Was (Was hat dazu geführt?) wesentlich besser geeignet. Mit den Wie- oder Was-Fragen ist man deutlich weniger offensiv und klärt zugleich den Prozess umfangreicher ab. Man erhält also mehr Informationen als mit der sehr offensiven Warum-Frage.

6.2.4.3 Zirkuläres Fragen

Zirkuläre Fragen sind Fragen, die im engeren Sinne systemisch sind. Sie geben sowohl dem Fragenden als auch dem Befragten neue Informationen über Gefühle, Gedanken, Einschätzungen und Bewertungen anderer Systemmitglieder. Das geschieht, indem im Beisein der einzuschätzenden Person ein anderes Mitglied über dessen Einschätzung befragt wird. Etwa: „Was denken Sie, wie Ihr Mann/Ihre Frau es erlebt, wenn Ihre Mutter ..." Diese Fragenart gibt immer eine doppelte Information, und zwar zum einen auf der Inhalts- und zum anderen auf der Beziehungsebene. Das Problem bzw. Symptom wird in die Interaktion einbezogen und die Einzelnen erfahren etwas über ihre Gemeinsamkeiten und Unterschiede in der Betrachtung.[26] Eine Auswahl zirkulärer Fragen finden Sie im Anhang.

---

[26] siehe vertiefend hierzu auch das entsprechende Kapitel bei Arist von Schlippe.

Fragen bergen allerdings auch Gefahren: Sie können die Kommunikation stören, wenn der Gesprächspartner z.B. nicht antworten will oder Ihre Frage als übergriffig empfindet und sich abgrenzt. Eine sehr elegante Methode, ein gutes Gespräch zu führen und zu vertiefen bietet das aktive Zuhören, um in die Sachebene tiefer einzusteigen insbesondere das Paraphrasieren.

Erst, wenn wir sicher sind, den Gesprächspartner wirklich verstanden zu haben, und zwar mit den Mitteln des Aktiven Zuhörens und den Fragentechniken, versuchen wir, uns verständlich zu machen. Zu letzterem ist die Methode der Ich-Botschaften sehr gut geeignet.

6.2.5 Ich-Botschaften

Bezüglich der Ich-Botschaften schlägt Marshall Rosenberg[27] einen Prozess von aufeinander aufbauenden Phasen vor, den wir uns mit dem Akronym WEBB merken können:

1. *Wahrnehmung*: z.B.: Sie sagen: ‚ ...'; oder: Ich sehe, dass ...
2. *Emotionen/Gefühle/Interpretationen*: z.B.: Dadurch fühle ich mich; oder: Das löst bei mir ... aus.
3. *Bedürfnis*, das dadurch verletzt worden ist, ansprechen, z.B. mit einem „weil": ...weil mir ... wichtig ist oder: ... weil ich ... brauche
4. *Bitte/Wunsch:* z.B.: Ich fände es schön, wenn... oder: Mir wäre lieber, wenn ... usw.

---

[27] Marshall Rosenberg: **Gewaltfreie Kommunikation. Aufrichtig und einfühlsam miteinander sprechen. Neue Wege in der Mediation und im Umgang mit Konflikten**. Junfermann Verlag, Paderborn 2003

Ich-Botschaften haben deshalb eine positive Wirkung, weil sie es dem Gesprächspartner überlassen, wie und ob er darauf eingehen will (meine Erfahrung: 80 % positive Chancen), weil sie frei von Vorwürfen sind. Ich-Botschaften formulieren auch auf eine interessante und einfache Weise das angestrebte Ziel.

Wie alle Techniken und Instrumente gibt es auch bei den Gesprächstechniken Risiken. Zumindest, solange man sie ungewohnt anwendet, kann es dem Gesprächspartner albern vorkommen. Und wenn die Haltung nicht von ehrlichem Interesse getragen ist, wird sich der Gesprächspartner vielleicht sogar ärgern. Er misstraut dem Sprecher zu Recht. Und auch dann, wenn man beim aktiven Zuhören unterbricht, ohne vorher um Erlaubnis zu fragen, kann es sein, dass der Gesprächspartner ärgerlich reagiert. Insgesamt belegen aber jahrzehntelange Erfahrungen namhafter Therapeuten (z.B. Carl Rogers, Steve de Shazer und viele andere) die positive Wirkung dieser Instrumente.

6.2.6 Coping-Sprache

Die Resilienzforschung geht davon aus, dass ein konkretes Bild von der Zukunft, in der das derzeitige Problem bewältigt ist, stark auf das Durchhaltevermögen und die Lösungsorientierung von Menschen wirkt. Viktor Frankl, ein jüdischer Psychologe, der die Folter des Konzentrationslagers überlebt hat, beschreibt, dass es wesentlich für ihn war, sich ganz konkret vorzustellen, wie er der Welt, nachdem er alles überstanden hat, von seinen Erfahrungen berichtet und damit weiteren Entgleisungen der Menschheit vorbeugt. Die Vorstellung von einer „heilen Welt" im Anschluss an die schwere Zeit gibt die

Kraft zur Bewältigung. In der Medizin haben sich Forschungs-gruppen gefunden, die danach fragen, was gesund erhält (Salutogenese) und in der Paartherapie wird nicht mehr gefragt, was zu Trennung führt, sondern was Paare verbindet.

Wenn wir unsere Klienten fragen, wie sie schwierige Situationen in der Vergangenheit gemeistert haben oder wie sie es unter den gegebenen Umständen überhaupt schaffen, ihr Leben zu bewältigen, aktivieren wir so ein bisschen von dieser Fähigkeit zur Resilienz. Auch die sogenannte Wunderfrage von Insoo Kim Berg[28] (beispielhafte Formulierung: „Stellen Sie sich vor, über Nacht kommt eine Fee und am nächsten morgen sind alle Probleme beseitigt. Wie sieht ihr Leben dann aus? Wie bewegen sie sich dann? Wie sehen sie dann aus? Was tun sie dann genau? Was dann? Was dann?") zielt auf dieses Phänomen.

Auch unsere Ausdrucksweise kann etwas dazu beitragen, dass innerhalb von Systemen Probleme, Konflikte und Krisen besser bewältigt werden. Das liegt daran, dass alle Worte, die wir nutzen, auch eine emotionale Bedeutung für uns haben. D.h., Worte lösen bei uns (und unserem Gegenüber) bestimmte Gefühle aus. Es gibt Worte, wie z.B. Gewinn, Gesundheit, Glück, Genuss, Freude ..., die positive Gefühle auslösen und Worte wie Krankheit, Problem, Missbrauch, Verlust, Maßnahme ..., die negativ besetzt sind. Daneben gibt es auch Begriffe, die ambivalent besetzt sind. „Herausforderung" ist z.B. so ein Wort, das positiv oder negativ verstanden werden kann.

Die Semantik (Bedeutungslehre der Worte) geht von denotativen (benennenden) und connotativen (mitbenennenden) Anteilen in Wor-

---

[28] Insoo Kim Berg: Familien (zusammen)halten. S.

ten aus. Worte transportieren demnach immer eine sachliche (denotative) und bewertende (connotative) Information. Diese beiden Anteile lassen sich nicht wirklich trennen. Ein roter Ball ist als kreisrundes Objekt nicht von seiner roten Farbe (und meiner Bewertung, ob mir rot gefällt) zu trennen. Die Analyse verdeutlicht aber die Chancen, die unsere Wortwahl in Bezug auf Coping hat.

Folgende Grafik gibt einen Überblick über die Ebenen des positiven Formulierens. Wir haben dabei die Möglichkeit, auf die Satzebene (Morphologie) und Wortebene (Semantik) einzugehen. Das Ziel der

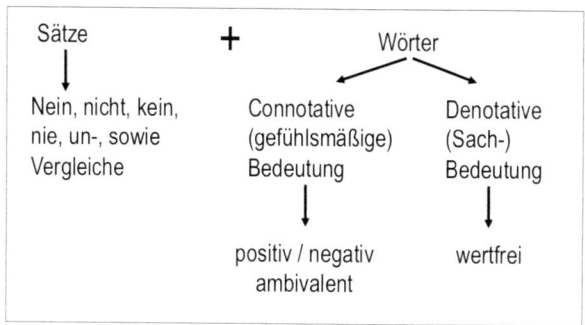

positiven Ausdrucksweise soll es sein, durch unsere Wortwahl zu einer lösungsorientierten und positiven Atmosphäre beizutragen.

Alle oben besprochenen Kommunikationsinstrumente können wir gezielt einsetzen und damit unsere Wirkung und die Wirkung unserer Aussagen auf unseren Gesprächspartner positiv beeinflussen. Besonders bei nachfolgend besprochenem Kritikgespräch (hier: Feedback) bringt es viele Vorteile, sie einzusetzen.

6.2.7. Feedback

Im weitesten Sinne ist jede Reaktion, jedes Stirnrunzeln, jede Gestik, jede verbale Antwort des Gesprächspartners ein Feedback auf das, was wir kommunizieren. Ich möchte hier das sog. konstruktive Feedback ansprechen, das wir anbringen können, wenn wir das Verhalten oder die Art und Weise der Aufgabenerledigung beim Anderen verbessern wollen.

Das unehrlichste Kompliment, heißt es, schmeckt uns oft besser als die geringste Kritik. Tatsächlich ist es wahrscheinlich für Jeden und Jede sehr schwer, Kritik anzunehmen und daraus zu lernen. Allerdings wird beim Kritisieren manchmal auch wenig Rücksicht genommen. Da werden Fehler vor anderen Kollegen aufgedeckt, der Chef will sich einfach nur mal Luft machen oder die Anschuldigungen sind völlig ungerecht oder ich bin gar nicht der richtige Empfänger oder, oder, oder. Wir können davon ausgehen, dass 90 % der Kritikgespräche eher demotivierend wirken und die Fehlerhäufigkeit nicht verringern. Trotz allem: Konstruktive Kritik ist möglich. Zuerst sollte sich der Feedbackgeber oder die Feedbackgeberin allerdings die Frage stellen: Kann ich mit meiner Kritik überhaupt etwas Positives – d.h. eine Verbesserung der Arbeitsqualität oder des Verhaltens – erreichen? Kann man diese Frage mit „Ja" beantworten, lohnt es sich, einige wenige Schritte zu beachten, um tatsächlich erfolgreich zu kommunizieren. Es bieten sich die Phasen an, die ich weiter hinten unter 10.5 (Kritikgespräche mit MitarbeiterInnen) ausführlich behandelt habe.

Ganz zum Schluss können wir noch für einen positiven Abschluss sorgen. Und zwar besser nicht, indem wir die Kritik mit weiteren positiven Ereignissen überdecken, sondern indem wir die zu erwartenden Erfolge der Arbeits- bzw. Verhaltensumstellung ansprechen, die sich aus der Anwendung der Verbesserungsvorschläge ergeben.

Kommunikation ist vielschichtig und kunstvoll. Eine gute Planung, die Kenntnis und Anwendung von Gesprächsaufbau, Gesprächsablauf und Gesprächstechniken und eine positive Rhetorik können dazu beitragen, mehr Kooperation und mehr Verständigung herzustellen und Konflikten vorzubeugen.

Wichtiger als alles Wissen ist in diesem Zusammenhang aber die Grundhaltung der Gesprächspartner. Hilfsbereitschaft, Zuneigung und Wohlwollen prägen die

Gesprächsatmosphäre mehr, als professionelle Techniken bewirken.

7 Konflikte verstehen und analysieren

Ohne Konflikte geht es in keinem Leben ab: sich widersprechende Interessen oder Ziele, knappe Ressourcen und mangelnde Chancen bewirken Unzufriedenheit und Frustration. Das wiederum ist psychologischen Wissenschaftlern zufolge häufig ein Grund für Aggressionen. Wir geraten in eine Situation, in der wir uns bedroht fühlen und in der unser Hormonsystem dafür sorgt, dass dieselben körperlichen Phänomene auftreten wie vor Jahrmillionen in lebensbedrohlichen Situationen: Unser Herz klopft schneller, das Blickfeld ist eingeengt, das Verdauungssystem reagiert, die Vorbereitung auf Kampf oder Flucht läuft auf Hochtouren, und das, obwohl die Bedrohung – realistisch betrachtet – längst die Schärfe vergangener Jahrhunderte und Jahrtausende verloren hat. Den Zustand, in dem wir sind, wenn wir uns bedroht fühlen, wird wohl niemand als erstrebenswerten bezeichnen. Es ist von daher sehr sinnvoll, Mechanismen zu kennen, die Konflikten vorbeugen und – wenn es denn schon so weit ist – schlichtend und deeskalierend wirken.

Eine wissenschaftliche Definition von Konflikten lautet: „Ein Konflikt liegt immer dann vor, wenn eine Partei oder beide Parteien zum gleichen Zeitpunkt Handlungen beabsichtigen oder durchführen, die zur Folge haben könnten oder haben, dass sich die andere Partei behindert, blockiert, bedroht oder verletzt fühlt."[29]. Ein

---

[29] Rüttinger 1988, Berkel 1992, zitiert nach Lutz von Rosenstiel, Erika Regnet, Michel E. Domsch (Hrsg.): **Führung von Mitarbeitern. Handbuch für erfolgreiches Personalmanagement**. Schäffer-Poeschel Verlag Stuttgart 1999, S. 378 f.

Konflikt liegt also schon dann vor, wenn bei einer der Parteien ein solcher Eindruck entsteht. Die Vermutung, dass der betreffende Andere meine Ziele behindert, reicht aus, um sich in einem Konflikt zu befinden.

Konflikte sind demnach Spannungssituationen, in denen mindestens zwei Parteien, die voneinander abhängig sind, nach ihren eigenen Zielen und Interessen handeln, und mit Nachdruck versuchen,

scheinbar oder tatsächlich unvereinbare Ziele und Interessen durchzusetzen.

Jiranek/Edmüller[30] fügen als wichtigen Faktor noch die hohe emotionale Belastung mindestens eines Konfliktpartners hinzu, die den Umgang miteinander wesentlich beeinträchtigt.

Natürlich kosten Konflikte Energie, die wahrscheinlich jeder gern für nützlichere Tätigkeiten einsetzen würde. Allerdings können wir auch positive Seiten von Konflikten ausmachen. Durch Konflikte werden Probleme aufgedeckt, die sonst vielleicht noch lange Zeit weitergetragen würden. Konflikten immanent ist eine intensive Energie, die das Interesse und die Neugier anregen. Dadurch verhindern sie Stagnation und Erstarrung und lösen Veränderungen in der Persönlichkeit und der Gesellschaft aus. Ich wage zu behaupten, dass es ohne Anpassungs- und Veränderungsdruck, wie er auch von Konflikten ausgeht, wahrscheinlich gar keine Entwicklung geben würde.

---

30 Heinz Jiranek, Andreas Edmüller: **Konfliktmanagement. Als Führungskraft Konflikten vorbeugen, sie erkennen und lösen.** Rudolf Haufe Verlag, Planegg bei München, 2003, S.20

7.1 Konflikte aus systemischer Sichtweise

Der systemische Ansatz impliziert eine ganzheitliche Sichtweise. Nicht mehr das einzelne (Familien-)Mitglied oder der einzelne Mitarbeiter steht im Mittelpunkt der Betrachtung, sondern das gesamte Umfeld und der vollständige Prozess wird in den Blickwinkel einbezogen.

Die Grafik unten stellt stark vereinfacht dar, dass es immer mehrere Ereignisse sind, die durch ihr Zusammenwirken zu einem bestimmten, manchmal unerwünschten, Ergebnis führen. Der berühmte Schmetterlingsflügelschlag aus der Chaosforschung, der am Ende der Welt den Ausschlag für einen Tornade an einem anderen Ort gibt, ist hier ein lebhaftes Beispiel.

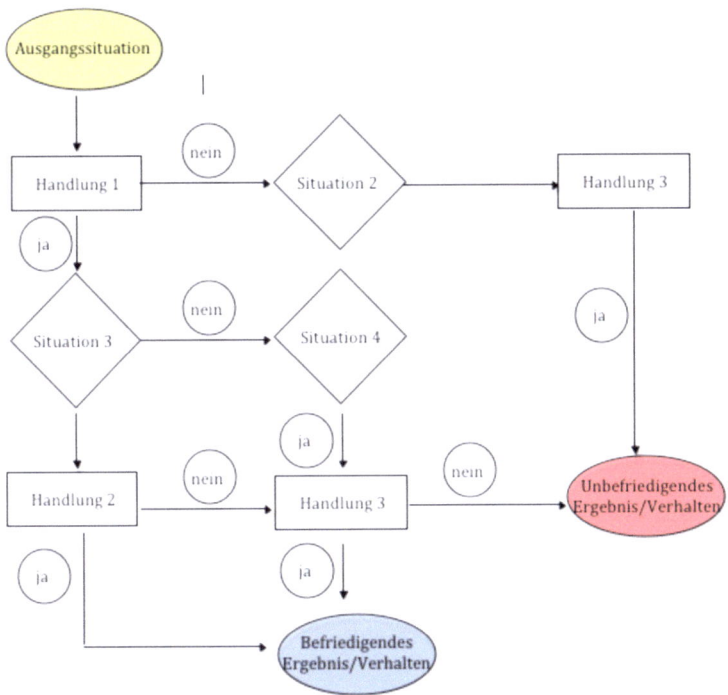

Für die Praxis ergibt sich daraus, dass die Frage nach der Ursache des Fehlers oder Konfliktes nicht mehr „warum" lautet, sondern: „Wie ist es dazu gekommen?" und: „Was hat sonst noch dazu beigetragen?" Diese Frageweise berücksichtigt den gesamten Entstehungsprozess und führt damit zu aufschlussreicheren Informationen, als die einfache „warum"-Frage, durch die wir meist nur einen einzigen, häufig zurecht gelegten, Grund erfahren.

Die systemische Sicht auf Konflikte berücksichtigt auch, dass (ausgenommen einige Fälle von Gewalt) alle Konfliktbeteiligten ihren Anteil am Konflikt haben. Gerade hier ist es wichtig für den Berater und die Beraterin, auf Allparteilichkeit zu achten und nicht vorschnell Position zu beziehen. Übrigens: Wann immer wir „entrüstet" über das Verhalten eines Menschen sind, ist das ein Zeichen für eine einseitige Sichtweise. Entrüstung ist niemals ein guter Ratgeber.

7.2 Analyse von Konflikten: Konfliktgegenstand, -verlauf und -dynamik

Auslöser, die zu Konflikten führen, sind immer irgendwelche Punkte, Fragen oder Anliegen, die eine Lösung fordern. Ursachen für Auseinandersetzungen können der Person oder der Organisation angeheftet sein. So ist es z.B. möglich, dass Mitarbeiter mit Aufgabenverteilungen oder mit der Kompetenzzuteilung unzufrieden sind oder das die Struktur oder die Regeln, die im Unternehmen gelten, in Frage gestellt werden.[31]

---

[31] Friedrich Glasl: **Konfliktmanagement. Ein Handbuch für Führungskräfte, Beraterinnen und Berater**. Verlag Freies Geistesleben, Stuttgart 1999, S. 96

Was auch immer die Auslöser sind: Konflikte sind Stressoren. Das bedeutet, dass der menschliche Organismus mit Stress, einem ausgesprochenen Belastungszustand, reagiert. Genau wie in anderen Stresssituationen ist im Konfliktfall das Wahrnehmen, Denken und Vorstellungsleben eingeschränkt. Wir sind nur noch auf die stressauslösenden Situationen fixiert. Auch die Gefühle und Stimmungen sind durchgehend negativ. Unsere Motive, Ziele und Absichten sind ausschließlich auf den Konflikt ausgerichtet. Dadurch bedingt ist das verbale und nonverbale Verhalten der Beteiligten sehr kämpferisch. Die „Konfliktrutschbahn"[32] (Gegenstand des 9. Kapitels) ist geschmiert.

7.3 Erkennen von Konflikten bzw. Konfliktpotenzialen in Organisationen und in Gruppen/Teams

Dass ein Konflikt vorliegt, erkennen wir unter anderem an beobachtbaren Phänomenen wie stockenden Entscheidungsprozessen, einer hohen Fehlerquote oder auch auffallender Zurückhaltung und Ratlosigkeit. Die Kommunikation ist oft unklar und schwammig. Das Bedürfnis, sich abzusichern, nimmt zu. Das zeigt sich auch in vermehrten Aktenvermerken und vielen (unnötigen?) Dokumentationen. Der persönliche Kontakt der Konfliktparteien ist stark eingeschränkt. Wenn sie miteinander reden müssen, weichen sie dem Blickkontakt aus.

Auch unser inneres Erleben weist uns auf Konflikte hin. Wir können davon ausgehen, dass fast jeder Mensch ein untrügliches Gespür dafür hat, „dass im Team/in der Beziehung zu ... etwas nicht

---

32 Edmüller, Jiranek: aaO, S. 54 ff.

stimmt". Die Stimmung ist bedrückt, man geht sich aus dem Weg. Die Kooperationsbereitschaft ist eingeschränkt oder gar eingestellt.

7.4 Analyse von Konflikten

7.4.1 Konfliktformen und -ursachen

Die Konfliktformen können wir nach ihren Ursachen als Zielkonflikte, Wegekonflikte, Verteilungskonflikte, Bedürfnis- oder Wertekonflikte in Beziehungen bezeichnen.

An den Konfliktformen wird auch deutlich, mit welchen Konfliktursachen wir es zu tun haben: Es geht in den meisten Fällen darum,

1. **Ziele** zu setzen und vereinbaren
2. sie auf bestimmten **Wegen** zu erreichen suchen
3. dafür **Ressourcen** zu beschaffen und
4. soziale **Beziehungen** zu nutzen, um andere im eigenen Sinne zu beeinflussen.

7.4.2 Konfliktarten

7.4.2.1 Persönliche bzw. zwischenmenschliche Konflikte

Natürlich gibt es für persönliche Konflikte verschieden psychologische Gründe: Es kann sich zum Beispiel um eine schlichte Projektion handeln oder auch um so gegensätzliche Persönlichkeiten, dass ein Miteinander Auskommen einfach unmöglich ist.

Fritz Riemann bezieht sich in seinem Buch „Grundformen der Angst"[33] auf die zwei lebensbestimmenden Dimensionen Raum und Zeit. Er ordnet Persönlichkeiten diesen beiden Achsen zu. Die Pole der Raumachse sind Nähe und Distanz, die Zeitachse ist durch Dauer und Wechsel begrenzt.

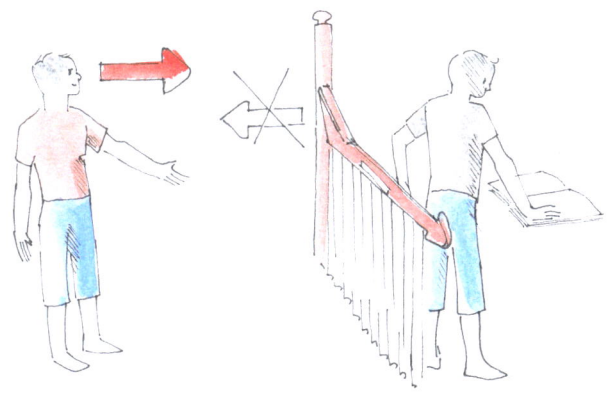

In ihren positiven Ausprägungen sind Nähe-Menschen zugewandt, sensibel, hilfsbereit und warmherzig. Negativ drückt sich diese Haltung in Unselbständigkeit, Anklammerung und Hilflosigkeit aus.

Distanzmenschen stehen mit beiden Beinen fest auf der Erde, wissen, was sie wollen und können und sind nicht so leicht zu beeinflussen. Sie verschaffen sich einen Überblick über Situationen und denken gradlinig. Im Extremfall steht bei ihnen die Aufgabe so weit im Vordergrund, dass sie andere Menschen vergessen, ihnen gegenüber misstrauisch werden und Kontakt blockieren.

---

[33] Fritz Riemann: **Grundformen der Angst. Eine tiefenpsychologische Studie**. Ernst Reinhardt Verlag, München, Basel,1999

Wechsel-Menschen zeichnen sich positiv durch Ideenreichtum, Fortschrittsglauben und Offenheit für Neues aus. Sie sind häufig Initiatoren für Veränderungen. Die Umsetzung und dauerhafte Begleitung ihrer Ideen halten sie allerdings wieder schlecht aus. Manchmal drücken sie sich vor der Verantwortung und verabschieden sich einfach.

Dauer-Menschen sind sehr gute, gründliche Problemlöser. Sie können sich lange mit einer Aufgabe befassen und sind hervorragende Routinearbeiter. Allerdings wehren sie sich energisch gegen jede Neuerung.

Zwischenmenschliche Probleme tauchen Riemann zufolge dann auf, wenn verschieden ausgeprägte Persönlichkeiten aufeinander treffen. Ein Veränderungsmanager (wahrscheinlich Wechseltyp) möchte einem Buchhalter (möglicherweise Dauertyp) ein neues Anwenderprogramm näher bringen. Der eine kommt gut zurecht mit dem, wie es bisher war, der andere ist von den Vorzügen des neuen Programmes überzeugt und versteht die Zurückhaltung nicht. Der Nährboden für Konflikte ist vorbereitet.

Schätzen Sie sich doch einfach mal selbst auf allen vier Dimensionen ein, indem Sie ein Kreuz auf dem Fußboden legen und bitten Sie einen Menschen, der Sie gut kennt, Sie dort zu verorten, wo er Sie vermutet. Überprüfen Sie, ob das stimmig ist oder suchen Sie sich anschließend den Platz, auf den Sie sich selbst einordnen. Sie können das Ganze auch vereinfacht auf einem Blatt Papier ausprobieren .

Auf Persönlichkeiten bezogen können auch unterschiedliche Werthaltungen zu starken Konflikten führen. Ein Mensch, dem Zuverlässigkeit sehr wichtig ist, wird sich über jemanden, der diesen Wert nur marginal vertritt, wahrscheinlich sehr ärgern. Seine eigenen Kardinalwerte zu kennen, kann bei der Konfliktanalyse unterstützen und deutlich machen, warum manche Entscheidungen getroffen werden und warum man mit manchen Menschen so gar nicht klarkommt. Diese Bewusstheit hilft außerdem dabei, neu anfallende Entscheidungen schneller und sicherer zu treffen. Die Übung „Wertematrix" im Anhang können Sie nutzen, um Ihre eigenen Kardinalwerte zu ermitteln.

7.4.2.2 Ziel-, Bewertungs-, Beurteilungs- und Verteilungskonflikte[34]

Häufig führen konkurrierende Ziele, Interessen oder Einstellungen zu Konflikten. Das wird ganz offensichtlich, wenn wir uns die Parteien Arbeitgeber – Arbeitnehmer vor Augen führen oder auch an die Finanzabteilung und die Qualitätssicherung denken. Sparsamkeit bzw.

---

[34] vgl.hierzu Wolfgang H. Staehle: Management. Eine
    verhaltenswissenschaftliche Perspektive. Verlag Franz Vahlen München,
    1999, S. 391 f.

Gewinnmaximierung sind die Ziele auf der einen Seite, die andere Partei strebt vielleicht Sicherheit und Werterhalt an.

Verteilungskonflikte ergeben sich, wenn zwei Gruppen von den gleichen Ressourcen abhängen. Es kann z.b. sein, dass jede Gruppe ein Maximum an Finanzen, Informationen, Serviceleistung oder EDV-Zeit anstrebt. Das führt besonders bei sehr knappen und begehrten Ressourcen zu Konflikten.

Bewertungskonflikte betreffen die Auswahl der Methoden und Instrumente, die zur Zielerreichung führen sollen. Das Ziel selbst verfolgen beide Parteien, die Art und Weise, wie es erreicht werden soll, steht jedoch in Frage.

Beurteilungskonflikte ergeben sich aus unterschiedlichen Beurteilungen der Arbeitsleistung. Fühlt ein Mitarbeiter sich ungerecht beurteilt, hat das oft langfristige Folgen. Die Arbeitsmotivation sinkt und mindestens die erste Stufe der Konfliktrutschbahn (es wird kälter) ist erklommen.

7.4.2.3 Rollenkonflikte

Nicht nur in Unternehmen, Institutionen und Organisationen steht die Berufsrolle der Arbeitnehmer im Vordergrund. Auch persönlich definieren wir uns stark über unseren Beruf. Unser Selbstwertgefühl, ja unsere Identität hängt zu einem großen Teil daran, wie wir uns beruflich einschätzen. Im Unternehmen sind an jeden Rollenträger aufgrund seiner beruflichen Spezifikation bestimmte Erwartungen in Bezug auf die Wahrnehmung seiner Tätigkeiten geknüpft. Auch ganz bestimmte Einstellungen, Meinungen und Werthaltungen werden von spezifischen Berufsgruppen erwartet. Ein Gremium, das aus einer

Juristin, einem Sozialarbeiter, einem Personalverantwortlichem und evtl. einem Betriebsratsmitglied besteht und das über das Suchtverhalten eines Mitarbeiters diskutiert, wird wohl nur schwer zu einer gemeinsamen Entscheidung kommen.

Rollenkonflikte werden in unterschiedlicher Weise kategorisiert. Nach Staehle[35] können wir Intra-Sender-Konflikte, Inter-Sender-Konflikte, Inter-Rollen-Konflikte und Person-Rollen-Konflikte unterscheiden. Obiges Beispiel ist der Kategorie „Inter-Sender-Konflikt" zuzuordnen. Von einem Intra-Rollen-Konflikt spricht man, wenn an eine Rolle gleichzeitig sich widersprechende Erwartungen geknüpft sind. Konfligieren in einer Person mehrere Rollen miteinander, z.B. die Rolle des Studenten und Servicemitarbeiters (der nicht genug Zeit zum Lernen hat), handelt es sich um einen Inter-Rollen-Konflikt. Ein Person-Rollen-Konflikt liegt vor, wenn die Rollenerwartungen unvereinbar mit den Werten, Motiven und Einstellungen des Rollenträgers sind.

Weitere rollenbezogene Konfliktherde sind Rollenambiguität (Mehrdeutigkeit) und Rollenüberlastung.

---

[35] Staehle, aaO S. 390 f.

8 Konfliktphasen

Friedrich Glasl[36] hat in seiner langjährigen Erfahrung als Konfliktmanager eine Konfliktentwicklung ausgemacht, deren Verlauf in fast allen Konflikten nachvollziehbar ist. Die neun Stufen, die Glasl beschreibt, werden in der Praxis auch in drei Phasen unterteilt: Die Stufen eins, zwei und drei werden als win-win-Phase bezeichnet, weil noch Gesprächsbereitschaft besteht und die Parteien bei kooperativer Haltung Verhandlungsergebnisse erzielen können, die allen Beteiligten nutzen. Bei den Stufen vier, fünf und sechs ist der Konflikt schon derart weit eskaliert, dass die Parteien selbst eine Lösung nicht mehr für möglich halten und alles daran setzen, als „Sieger" aus dem Konflikt auszusteigen. Die letzten drei Stufen schließlich (sieben, acht und neun) werden als lose-lose-Phase bezeichnet, weil beide Parteien erhebliche Verluste zu beklagen haben. Der Konflikt eskaliert bis zur Akzeptanz der eigenen Vernichtung.

Für Konfliktlösungen ist es wichtig zu wissen, dass die Lösungen um so leichter und schneller gefunden werden, je eher interveniert wird.

Stufe 1: Verhärtung

Auslöser können ein Missverständnis, eine Meinungsverschiedenheit, unterschiedliche Auffassungen über Lösungswege und vieles andere sein. Spürbar ist bei dem beginnenden Konflikt, dass die Parteien sich deutlich voneinander abgrenzen. Der eigene Standpunkt wird entschieden vertreten. Die Standpunkte der jeweils anderen

---

[36] Friedrich Glasl: **Konfliktmanagement. Ein Handbuch für Führungskräfte, Beraterinnen und Berater**. Verlag Freies Geistesleben, Stuttgart 1999, S 215 ff.

Partei werden nicht akzeptiert. Auf der emotionalen Ebene spüren beide Parteien, dass Spannungen bestehen. Allerdings besteht noch eine gewisse Flexibilität. Man ist noch bereit, „in Ruhe" miteinander zu reden.

Stufe 2: Polarisierung und Debatte

Die Konfliktbeteiligten diskutieren auf dieser Stufe heftig miteinander. Der Austausch der Argumente nimmt die Intensität eines Machtkampfes ein. Es geht um das Rechthaben. Die eigenen Argumente sind überzeugend, was der andere sagt, kann einfach nicht stimmen. Das Schwarz-Weiß-Denken beginnt. Das Denken, das Fühlen und die Motivation sind einseitig darauf ausgerichtet, die eigenen Argumente zu begründen. Das gelingt nach reiflicher Überlegung in der Regel auch recht gut. Die Argumente finden ihre Anhänger. Man verhandelt „quasi sachlich", d.h., im Tonfall werden Emotionen bewusst unterdrückt.

Stufe 3: Taten statt Worte

Nun wird die Diskrepanz auch öffentlich gezeigt. Die Aktivitäten reichen vom Augenrollen, wenn die andere Partei auftaucht, über die Verweigerung, zum Treffen zu gehen, wenn der/die andere kommt bis hin zur Enthaltung von wichtigen Informationen und anderen kleinen Sabotageakten. Hier besteht durch die Dominanz des nonverbalen Verhaltens die Gefahr, fehl- und überzuinterpretieren. Jede Partei unterstellt der anderen schädliche Absichten. Das jeweilige Misstrauen sorgt für weitere Eskalation. Gruppenbildungen und Koalitionen zeichnen sich ab. Mindestens eine Partei spielt schon seit einer Weile mit dem Gedanken an Arbeitsplatzwechsel. Das Mitgefühl für die andere Partei ist verloren gegangen.

Stufe 4: Image und Koalitionen

Gemeinsam ist man immer stärker. Dass der Konflikt auf dieser Stufe gelandet ist, erkennt man an der Anzahl der Menschen, die darüber Bescheid wissen. Je nach Sympathie und Vorgeschichte schließen sich mitbetroffene Menschen den jeweiligen Parteien an. Die Streithähne selbst erfahren durch ihre Zustimmer Verstärkung. Auf dieser Stufe kommen dementierbare Straftaten vor. Der jeweils andere verkörpert ein absolut negatives Stereotyp. Beide Parteien haben kein Bewusstsein darüber, dass ihr Verhalten häufig der Auslöser für das Verhalten des anderen ist.

Stufe 5: Gesichtsverlust

Jetzt geht es nur noch darum, den anderen öffentlich zu diskreditieren. Über diese Bloßstellung wird versucht, den anderen zum Aufgeben zu zwingen. Während jede Partei sich selbst als vollständig aufrichtig betrachtet, ist der andere der Teufel. Auf der eigenen Seite ist das Gefühl der Selbstwertschädigung vorrangig. Die Selbstachtung ist schwer verletzt. Dieser Kränkung kann nur noch mit einer weiteren Eskalationsstufe begegnet werden:

Stufe 6: Drohstrategien

Die Konfliktparteien setzten sich gegenseitig durch massive Drohungen unter Druck. Durch öffentliche Verkündigung von Ultimaten wird deutlich gemacht, dass ein Einlenken nicht in Frage kommt und dass man sich für die erlittenen Verletzungen rächen will. Um der eigenen Glaubwürdigkeit willen ist man verpflichtet, die Drohungen umzusetzen. Es gibt kein Zurück. (Wir sind übriens bereits auf dieser Stufe, wenn wir einem Kind Konsequenzen androhen).

Stufe 7: Begrenzte Vernichtungsschläge

Es wird bluternst. Die Parteien schrecken auch vor Gewalt nicht mehr zurück. Eigener Schaden durch Vergeltungsaktionen des anderen wird in Kauf genommen. Noch herrscht die Ansicht vor, man könne selbst eventuell weniger verlieren als der andere. Hauptsache, der Gegner wird geschädigt. Der jeweils andere wird nicht mehr als Mensch betrachtet, er bekommt „Dingqualität". (Das erklärt, warum so viele Grausamkeiten möglich sind.)

Stufe 8: Zersplitterung

Ziel ist die Zerstörung und gewaltsame Unterdrückung des anderen. Schon seit Stufe 4 ist die Vernunft eingeschränkt. Auf der 8. Stufe steht nur noch der Konflikt im Fokus. Es gibt kein anderes Leben mehr. Denken, Handeln und Wollen richten sich auf die Vernichtung des Feindes aus.

Stufe 9: Gemeinsam in den Abgrund

Zwar ist an „Sieg" nicht mehr zu denken, aber die Parteien kämpfen weiter. Der eigene Untergang wird in Kauf genommen, wenn nur der andere auch ausgelöscht wird. Glasl spricht von einer „Lust am Selbstmord, wenn nur der Feind auch zugrunde geht"[37]

---

37 Ebd. S.215

9 Sonderfall: Mobbing

Mit dem Begriff Mobbing werden feindselige Äußerungen oder Handlungen beschrieben, die von einer Person oder Gruppe ausgehen und die über einen längeren Zeitraum wiederholt und systematisch eingesetzt werden. Die angegriffene Person wird damit in eine Position der Unterlegenheit gebracht. Ziel des Mobbers ist die Ausgrenzung seines Opfers aus der Gruppe oder dem Arbeitsleben.[38] Gründe für Mobbing können sowohl in der Gesellschaft als auch im Unternehmen und in einzelnen Personen liegen.

Auf der Seite des Täters haben wir es mit einem antisozialen Verhalten zu tun. Ob nun Bosheit oder mangelnde Möglichkeiten, eigene Ziele sozialverträglich zu erreichen, die Ursachen sind, kann ich nicht sagen. Die Folgen für das Opfer sind jedenfalls gravierend. Wird dem Täter nicht Einhalt geboten (dafür ist der Vorgesetzte zuständig) können sich beim Opfer Symptome und Krankheitsbilder entwickeln, die auch bei Soldaten beobachtet werden, die durch reale lebensbedrohliche Situationen wie Bombenhagel u.ä. ausgelöst wurden (Posttraumatisches Stresssyndrom).

Mobbing ist unbequem für das Management. Diese Tatsache führt dazu, dass das Opfer von der Linie häufig noch zusätzlich viktimisiert wird. Der oder die Leidende nervt. Er oder sie hat kaum Möglichkeiten, sich zu wehren oder Recht zu bekommen.

---

[38] **Mobbing. Psychoterror am Arbeitsplatz. Erkennen-Lernen-Helfen.** Hrsg: Landesbildungswerk der Deutschen Angestellten Gewerkschaft Berlin und Brandenburg e.V., o.J., S. 5

Die Handlungen des Täters sind schwer zu beweisen. Im Schock der Angriffe vergisst das Opfer Details oder Formulierungen, die gerichtlich vielleicht relevant würden.

Genau wie Konflikte verläuft auch Mobbing in Phasen. Es beginnt häufig – ähnlich den Konflikten – mit Meinungsverschiedenheiten oder Streit. Die zweite Phase ist dann schon gezielter Psychoterror. Eine eindrückliche Liste von 45 Mobbinghandlungen hat Heinz Leymann[39] zusammengestellt. Feindliche Verhaltensweisen bzw. aggressive Strategien sind z.B. ständige Kritik an der Arbeit oder am Privatleben, verschiedenste Drohungen, auch Androhung und Vollzug körperlicher Gewalt, Telefonterror, Kontaktverweigerung, wie Luft behandeln, Gerüchte verbreiten, Übertragen von sinnlosen Arbeiten, Abqualifizierungen oder Sabotage. Die dritte Phase beinhaltet eindeutige, aber nicht beweisbare Rechtswidrigkeiten. In der vierten Phase kommt es zu ärztlichen und psychologischen Fehldiagnosen und in Phase 5 schließlich zum Ausschluss an der Arbeitswelt.

Die Mobbingkosten sind nicht nur für das Opfer hoch. Allein durch den Krankenstand der Mobbingopfer entstehen jährlich rd. 3 Mrd. Euro gesamtgesellschaftliche Verluste.

Gefordert sind vor allen Dingen die Vorgesetzten: Die Stärkung des Opfers und klärende Gespräche, Verwarnung, Abmahnung, Versetzung oder in schweren Mobbingfällen auch die Kündigung des Täters sind Zeichen dafür, dass eine Mobbingkultur nicht geduldet wird.

---

[39] Heinz Leymann: **Mobbing – Psychoterror am Arbeitsplatz und wie man sich dagegen wehren kann.** Rowohlt Verlag, Reinbek, 1993

In der Arbeit mit Schülern wenden Mediatoren seit einiger Zeit eine andere Methode an: Dem Opfer wird ein „Beirat" zur Seite gestellt, der aus einer kleinen Gruppe von Mitschülern besteht. Dieser Gruppe gehört mindestens eine Schülerin oder ein Schüler an, zu dem das Opfer Vertrauen hat und – das ist erstaunlich – auch der Täter. Dieser Ansatz hat das Ziel der Wertschätzung aller Beteiligten. Kein Schüler soll ausgegrenzt oder kriminalisiert werden. Die Erfahrungen in Schulen sind bisher alle sehr positiv. Im beruflichen Zusammenhang gibt es meines Wissens noch keine Erfahrungen.

10 Konflikte auflösen und verhindern

10.1 Konfliktlösungsstrategien

Je nach Möglichkeiten der Konfliktparteien können wir folgende Strategien beobachten: 1. Flucht, wenn eine Partei darin ihre einzige Chance sieht, 2. Vernichtung, wenn der Konflikt so weit eskaliert ist, dass es kein Zurück mehr gibt, 3. Unterwerfung, was zumindest auch für die schwächere Partei gewisse Vorteile bringt oder 4. Delegation, z.B. an ein Schiedsgericht. Letztgenannte Lösung führt aber häufig zu Unzufriedenheit mit der Entscheidung auf mindestens einer Seite. Der Kompromiss ist die 5. Lösungsmöglichkeit. Wenn beide Parteien aufeinander zugehen und mit dem Ergebnis zufrieden sind, kann das eine gute Lösung sein. Wichtig ist hier aber, dass jede Partei auch wirklich ihre Interessen vertreten sieht und mit dem Ergebnis leben kann. Die erstrebenswerteste Lösung ist die 6. Strategie, der Konsens. Er ist nur mit großer Anstrengung zu erreichen und stellt einen hohen Anspruch an die soziale Kompetenz beider Parteien.

Folgende Graphik verdeutlicht die Verhaltensmöglichkeiten beider Parteien. Kooperation und Problemlösung ist nur möglich, wenn beide Parteien auch gute Lösungen für den jeweils anderen mitdenken.

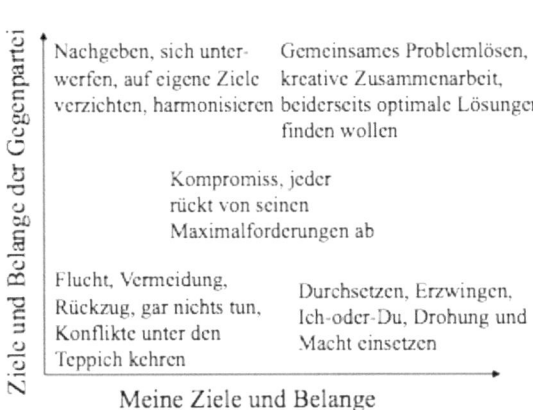

10.2 Konstruktive Konfliktlösung mit dem Havard-Konzept

Das Harvard-Konzept[40] ist der kooperativen Problemlösung verpflichtet. Kernelemente der Methode sind:

1. Menschen und Probleme getrennt voneinander behandeln.

Dahinter lauert die anspruchsvolle Aufgabe, den Gesprächspartner auch wirklich als Partner zu sehen. Bei konfligierenden Interessen ist es häufig so, dass der Mensch, der die anderen Interessen vertritt, als Gegner eingestuft wird – im Verlauf der Konflikteskalation nimmt er sogar die Position des Feindes ein. Fisher et al. plädieren dafür, bei der Sache zu bleiben.

2. Auf Interessen konzentrieren, nicht auf Positionen.

Meinungen und Einstellungen oder auch verhärtete Ansichten und Sichtweisen zu Personen und Objekten der Umwelt können der Lösung im Wege stehen. Wenn wir uns auf die Interessen konzentrieren, haben wir oft mehr Chancen, unser Ziel zu erreichen. Vielleicht ist ja der Nutzen, den wir erreichen wollen, auch auf einem anderen Weg zu erreichen. Die Konzentration auf Interessen eröffnet meist Handlungsalternativen.

3. Entwickeln Sie Entscheidungsmöglichkeiten (Optionen) zum beiderseitigen Vorteil.

Denken Sie für den Verhandlungspartner mit! Manchmal erzielt man Erfolge, wenn man „den Kuchen vergrößert", d.h., einen Ausgleich für einen Vorteil anbietet, den man selbst genießen will.

---

[40] Roger Fisher, William Ury, Bruce Patton: **Das Harvard-Konzept. Der Klassiker der Verhandlungstechnik**. Campus Verlag GmbH, Frankfurt/Main 2004

4. Bestehen Sie auf der Anwendung neutraler Beurteilungskriterien.

Wenn Sie genau wissen, wie der Wert dessen, was Sie in die Verhandlung einbringen, zu beurteilen ist, bestehen Sie auf einer fairen Bewertung – notfalls durch Dritte, z.B. Sachverständige.

Fisher et al. empfehlen im Falle eines stärkeren Verhandlungsführers mit einem Plan B, der besten Alternative, in die Verhandlung zu gehen. Sie sollten einen guten Plan haben, was Sie tun wollen, wenn die Verhandlung scheitert. Diese Option gibt Ihnen Sicherheit und souveränes Auftreten. Stephen R. Covey[41] bezeichnet das angestrebte Verhandlungsergebnis mit „Gewinn – Gewinn oder kein Geschäft" – oder, anders ausgedrückt: wir machen im Falle des Scheiterns das Geschäft mit einem anderen Partner.

10.3 Voraussetzungen für ein konstruktives Konfliktgespräch

In erster Linie ist natürlich unsere Haltung, mit der wir in ein Konfliktgespräch gehen, wichtig. Besteht der Wunsch, sich zu einigen? Kann der Gesprächspartner noch als Partner angesehen werden oder ist er schon Gegner oder sogar Feind? Sehr positiv wirken sich Imaginationen aus, die die Einigung vorwegnehmen. Z.B., wenn wir uns im Vorfeld vorstellen, wie wir uns am Schluss des Gespräches mit Handschlag einvernehmlich von unserem Gesprächspartner verabschieden. Diese mentalen Übungen beeinflussen unsere Haltung und damit auch unsere Ausstrahlung.

Die wichtigsten Techniken, um zu einer einvernehmlichen Lösung zu

---

[41] Stephen R. Covey: **Die sieben Wege zur Effektivität. Prinzipien für persönlichen und beruflichen Erfolg.** Gabal Verlag GmbH, Offenbach 2004

kommen, sind *Fragentechnik, aktives Zuhören und Ich-Botschaften* (s. Kap. 6.2.3 und 6.2.4).

10.4 Konfliktberatung mit einem Beteiligten: der Meta-Mirror
Der Meta Mirror ist eine Anwendung, die wir nutzen können, wenn unser Klient sein eigenes Verhalten im Konfliktfall reflektieren und verändern möchte. Er ermöglicht einen Blick von außen auf die konfliktäre Situation. Der Klient gewinnt Abstand und kann aus der Distanz heraus Lösungen entwickeln, die im emotional belasteten Zustand nicht verfügbar sind. Die Abgrenzungsfähigkeit wird revitalisiert.

Wir definieren vier Positionen im Raum. Position Eins und Zwei werden durch sich gegenüberstehende Stühle belegt. Position Drei und Vier (Metaposition Eins und Zwei) sind durch Kärtchen gekennzeichnet.

Als erstes bitten wir den Klienten, zu bestimmen, welcher der beiden sich gegenüberstehenden Stühle die Position Eins und damit seine Position ist. Position Zwei ist dann dementsprechend die Position des Konfliktpartners.

Der Klient nimmt dann auf „seinem" Stuhl platz. Hier bitten wir ihn zu erläutern, was die Kommunikation mit seinem Gegenüber so schwierig macht. Dann folgt der erste Platzwechsel auf den Stuhl des Konfliktpartners. Unser Klient versetzt sich in dessen Situation hinein und beschreibt von hier aus, was die Kommunikation mit der anderen Seite erschwert.

Wir bitten nun unseren Klienten auf seinen Platz zurück und bitten ihn, ein Adjektiv für sich zu finden, dass seinen Zustand in der Beziehung zu seinem Konfliktpartner kennzeichnet. Dasselbe passiert noch einmal auf dem Platz des Konfliktpartners aus dessen Sicht für diese Perspektive.

Ich bitte dann meinen Klienten noch einmal kurz auf seinen Platz in seinen eigenen Zustand zurück, bevor ich ihn auf die Position Drei, die Metaposition Eins, bitte. Von hier aus richtet er seinen Blick auf die Position Eins, also aus der Distanz heraus auf sich selbst. Ich bitte ihn nun zu beschreiben, wie er sich selbst aus dieser Position heraus charakterisieren würde. Welche Eigenschaften zeigt er? Wie ist seine Haltung, seine Art? Was könnte ein eigener Beitrag zum Konflikt sein? Welches Verhalten verstärkt unter Umständen das Verhalten des Konfliktpartners?

In der Position Drei ist unser Klient auch sein eigener Berater. Wir lassen ihn Ideen entwickeln, welche Verhaltensveränderung er vornehmen könnte, um eine andere Reaktion des Konfliktpartners auszulösen.

In Position Vier (Meta 2) schätzt unser Klient ein, ob es Position Eins möglich ist, den Rat aus Position Drei anzunehmen. Das wird natürlich meistens positiv beantwortet, weil ja aus Position Drei ein Rat aus dem eigenen Repertoire aktiviert wurde.

Nun folgt eine mentale Probe. Unser Klient lässt aus der Position Vier heraus den Berater aus Position Drei die Position Eins einnehmen und sich entsprechend Verhalten. Wir erfragen die emotionale Beteiligung in Position Vier. Ist das stimmig für ihn?

Dann geht unser Klient über Position Drei (er kann gerne das Kärtchen einsammeln) in die Position Eins und vollzieht auf seinem eigenen Platz das neue Verhalten noch einmal gedanklich nach. Wenn das emotional stimmig ist, nimmt er Position Zwei ein und überprüft hier, welche Reaktion das neue Verhalten bei seinem Konfliktpartner auslöst. Wenn es auch hier ok ist, ist die Anwendung beendet. Wenn es für Position Zwei noch nicht stimmt, folgen weitere Platzwechsel.[42]

10.5 Kritikgespräche mit Mitarbeitern

Die meisten Kritikgespräche mit Mitarbeitern bringen keinen Nutzen. Wenn es nur darum geht, Dampf abzulassen oder abzustrafen, erzielt man eher negative Erfolge: Die Mitarbeiter werden demotiviert, machen Dienst nach Vorschrift oder kündigen sogar innerlich. Eine Studentin referierte in ihrer Semesterarbeit, dass 90 % der Kritikgespräche als unnütz eingeschätzt werden können. Das scheint mir zwar ein bisschen hoch gegriffen. Allerdings gilt auch für Feedback: Welches Ziel verfolge ich mit der Rückmeldung? Was soll der Mitarbeiter hinterher besser oder anders machen? Wie lautet eine Ich-Botschaft, wenn auf meiner Seite Emotionen eine Rolle spielen?

Konstruktive Kritikgespräche sind möglich. Es gibt nur wenige Regeln, die man dabei beachten sollte.

1. *Feedback nur, wenn erwünscht – bzw. Termin ausmachen.*
   Fragen oder Ankündigungen wie: „Herr/Frau Sowieso, ich möchte gern mit Ihnen über die ...-Situation sprechen. Können wir uns Mittwoch zusammen setzen? Passt Ihnen das?" – oder unter Kollegen: „Peter/Gisela, ich würde Dir

---

[42] Einen kurzen Leitfaden finden Sie im Anhang

gerne was zu ... sagen. Ist das ok?" haben mehrere ganz wichtige Funktionen: Am wichtigsten ist wohl, dass wir die Aufmerksamkeit unseres Gesprächspartners erlangt haben (das passiert schon durch das Ansprechen mit Namen). Außerdem haben wir ihn oder sie für das Thema geöffnet und ihm/ihr die Chance gegeben, sich auf das Thema einzustellen und darauf vorzubereiten. Ein so eingeleitetes Gespräch hat eine andere Qualität, als würde es zwischen Tür und Angel stattfinden.

2. *Positives zuerst*
Indem in einem Feedbackgespräch etwas Positives hervorgehoben wird, etwa der erreichte Stand, die bisherige Zusammenarbeit oder gut gelöste Teilaufgaben, tragen wir wesentlich zu einer guten Gesprächsatmosphäre bei. Wir erleichtern unserem Gesprächspartner (und uns) das Lernen, weil es auf etwas aufbaut, das man schon kann. Was man einmal gemacht hat, kann man leicht wiederholen. Ein ehemaliger Trainer der deutschen Jugendmeister im Kanufahren und Suchttherapeut aus Berlin hat in einer Fortbildung ausgeführt, dass in den Trainings zu Übungszwecken Filme gedreht und ausgewertet werden. Früher seien die Filme nach Fehlern abgesucht worden: So machen wir das nicht mehr. Seit einiger Zeit wird analysiert, wann eine Wende gut gelaufen ist, durch welche Bewegungen genau sich die Geschwindigkeit erhöht hat, wie es zustande kam, dass das Team wie aus einem Guss wirkte usw.. Ja, und genau so machen wir das öfter. Der Erfolg gibt dieser Methode recht. Es lohnt sich, hinzuschauen, was gut

läuft und diese Techniken zu verstärken. Für den Feedbackgeber hat der Blick auf Positives ebenfalls Vorteile: Es trägt wesentlich zu einer guten Stimmung bei und wir haben die Chance, am Modell zu Lernen.

3. *Negatives freundlich*
Kein Mensch wird gerne auf Fehler aufmerksam gemacht oder hört gern etwas Negatives über sich. Ganz ohne Missstimmung wird es also wohl nicht abgehen. Allerdings können wir etwas dazu tun, wenigstens möglichst objektiv zu sein, indem wir sinnes- bzw. wahrnehmungsspezifisches Feedback geben, also mit einer Situationsbeschreibung beginnen: Ich sehe, Ich höre, Sie sagen usw., ähnlich wie bei den Ich-Botschaften. Erst danach beschreiben wir die Folgen und erläutern unsere Ansichten:

4. *Interpretation*
Nach der wahrnehmungsspezifischen Beschreibung der Situation gehen wir auf die Folgen ein, erklären, was das für uns bedeutet, wie wir das bewerten und evtl. welche Emotionen das bei uns auslöst. Es folgt

5. *die VW-Formel*
Wir teilen Veränderungen als Wunsch mit. Damit sind Ziele und Lösungen für das bestehende Problem angesprochen und der Mitarbeiter und die Mitarbeiterin sollte eine genaue Vorstellung davon entwickeln können, was von ihm/ihr erwartet wird. Der letzte Punkt betrifft

6. *den Umgang mit Rechtfertigungen bzw. die Annahme des Feedbacks*

   Weil, wie erwähnt, Kritik fast nie positiv aufgefasst wird, müssen wir trotz aller Professionalität häufig mit Rechtfertigungen und Erklärungen rechnen. Hier ist es wichtig, dass wir die Rechtfertigungen nicht auch wieder falsifizieren. Wir geraten sonst leicht in eine Eskalationsschlaufe. Ich empfehle, den Gesprächspartner ruhig und freundlich anzuhören, die Fakten zur Kenntnis zu nehmen, anzumerken, was neue Informationen sind und zu bemerken, dass man es für heute dabei bewenden lassen möchte. „Ich möchte noch einmal drüber nachdenken und wenn Bedarf besteht, setzen wir uns nächste Woche noch einmal zusammen."

Wenn wir es sind, die Feedback bekommen, empfehle ich, vorerst nichts zu erwidern, sondern das Feedback dankend anzunehmen. Es ist sehr entwicklungsfördernd, wenn wir Feedbacks als Geschenke auffassen, als Puzzleteil zu unserem Selbstbild und als Chance, an uns zu arbeiten.

Im Anhang finden Sie einen Vordruck, den Sie nutzen können, um ein Feedback professionell vorzubereiten, durchzuführen und nachzubereiten.

10.6 Das PELZ-Modell: Phasen eines Konfliktlösungsgesprächs für Gruppen

Als Berater und/oder Führungskraft kann im Konfliktfall verschiedene Rollen übernehmen[43]. Auf der ersten Stufe des Konfliktes, der Verhärtung, reicht es oft, wenn die Führungskraft als Initiator auftritt, d.h., den Konfliktparteien eine Frist setzt, in der sie sich geeinigt haben sollen. Dieses Machtmittel haben wir in der Funktion des Beraters leider nicht zur Verfügung. Die Stufen zwei und drei (Polarisierung und Debatte bzw. Taten statt Worte) erfordern den Konfliktbegleiter und Konfliktmanager. Ist der Konflikt auf Stufe vier (Image und Koalitionen) angelangt, ist Hilfe von außen durch einen externen Mediator angeraten. Die letzten drei Stufen sind nur noch durch einen eindeutigen Machteinsatz zu stoppen.

Ist ein Konfliktmoderator gefragt, empfiehlt sich als Leitfaden für den Gesprächsaufbau die Zeppelinform von Friedemann Schulz von Thun[44] mit den PELZ-Phasen im Zentrum:

Phasen

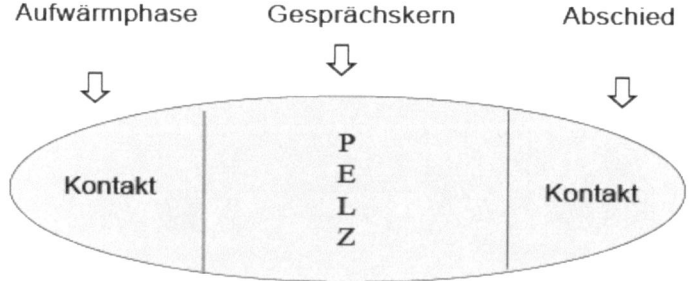

---
[43] vgl. Jiranek, Edmüller, aaO S. 107 ff.
[44] Friedemann Schulz von Thun: **Miteinander Reden. Störungen und Klärungen,** Rowohlt Taschenbuch Verlag GmbH, Reinbek bei Hamburg, 1981

PELZ steht dabei für Problemdefinition, für Erklärungsmodelle der Einzelnen, für die bisherigen oder zukünftigen Lösungsversuchen und schließlich für Zielentwicklung.

Zu Beginn kommt es darauf an, durch eine freundliche Begrüßung, vielleicht einem Getränkeangebot und etwas small talk eine positive Atmosphäre zu schaffen. Ich begrüße jede/n Ankommende/n mit Handschlag und biete freundlich einen Platz im Stuhlkreis an. Es ist günstig, sich an einem neutralen Ort zusammen zu setzen. Meinen Stuhl habe ich so platziert, dass ich mit dem Licht gucken kann (allerdings achte ich auch darauf, dass keiner der Anwesenden geblendet wird) und ich habe ihn durch meine Utensilien (Stift, Heft) gekennzeichnet. Meist ergibt es sich von selbst, dass ich etwas mehr Raum als die anderen zur Verfügung habe.

Ich stelle in dieser Phase auch eine Vereinbarung zur Disposition:

a) Alle Beteiligten sprechen erst einmal nur mit mir

b) Die Beteiligten lassen sich ausreden

c) Ich darf unterbrechen, um zusammen zu fassen.

Wenn die Beteiligten damit einverstanden sind, sichere ich absolute Vertraulichkeit zu und beginne mit der Konfliktmoderation im Zentrum des Zeppelins nach dem PELZ-Modell:

1. *Problemwahrnehmung und Problemdefinition:*
   Im ersten Schritt äußern sich alle Beteiligten nacheinander zu ihrer Sichtweise des Konfliktes/Problems. Jede/r kommt zu Wort und jede/r hat die Gelegenheit, in einer zweiten und dritten Runde noch einmal Stellung zu nehmen. Als Moderatorin wende ich das Paraphrasieren an, d.h., ich wiederhole jede Aussage zusammenfassend mit meinen Worten. Damit

stelle ich sicher, dass ich richtig verstanden habe und sorge dafür, dass die anderen Teilnehmenden auf eine andere Weise zuhören, als wären sie nur unter sich. Erscheint mir eine Aussage überspitzt, übersetze ich ein bisschen und nehme die Spitze weg, ohne allerdings den Inhalt zu verändern. Am Schluss dieser Phase, nachdem die Sichtweise aller Beteiligten deutlich wurde, fasse ich das Gesamtproblem – die Gemeinsamkeiten und die Unterschiede in der Darstellung - noch einmal zusammen.

2. *Erklärungsmodelle*

Diese Phase leitet eine weitere Runde ein. Hier äußern sich alle Beteiligten über ihre Ideen zur Konflikt-/Problementstehung. Was waren aus Sicht der Einzelnen die Auslöser? Welche Situationen haben das Problem verschärft? Gibt es einen Zeitpunkt, an dem man die Problementstehung festmachen kann? Was genau ist damals geschehen?

An dieser Stelle schließe ich vor der Lösungssuche die Phase der Zielfindung an, weil nur ein Ziel die Richtung und die zur Erreichung notwendigen Schritte verdeutlicht. Erst, wenn ein Ziel formuliert ist, können wir uns Gedanken darüber machen, wie wir es erreichen.

3. *Anliegen/Ziele*

Worauf kommt es wirklich an? Welche Interessen, Wünsche und Befürchtungen hegen die Einzelnen? Was ist für jeden das bestmögliche Ziel? Was soll erreicht werden? Welchen Nutzen erhofft man sich? Was ist man zu geben bereit, wie weit könnte man sich entgegen kommen? Ähnlich wie beim Harvard-Konzept heißt es hier: weg von den Standpunkten, hin zu den Anliegen.

4. *Lösungssuche*

Diese Phase erfordert Kooperationsbereitschaft und Kreativität. Alle Beteiligten bemühen sich darum, für jeden die bestmögliche Lösung zu entwickeln. Die Konzentration auf die jeweiligen Kernanliegen bewirkt eine nachhaltige, langfristige Lösung.[45][46]

Im Anhang finden Sie beraterunterstützende Fragen zu diesem Modell.

Gerade in der Konfliktmoderation ist eine wertebasierte, faire und allparteiliche Haltung, besonders des Moderators, aber auch aller anderen Beteiligten, unverzichtbar. Jiranek/Edmüller[47] fordern für

---

[45] vgl. Jiranek, Edmüller, aaO S. 125 f.
[46] eine Liste beraterunterstützender Fragen ist im Anhang.
[47] Jiranek, Edmüller, aaO S. 94 ff.

eine Konfliktlösung die Werte Selbstverantwortung, die Gleichberechtigung der Interessen, Ehrlichkeit und Klarheit ein. Daraus ergibt sich, dass die Anliegen der Einzelnen auch auf ihre Relevanz geklärt werden müssen.

10.7 Konfliktmoderation mit der Kärtchenmethode

Wenn eine größere Gruppe, meiner Erfahrung nach mehr als zehn Personen, in das Konfliktgeschehen involviert ist, bietet es sich an, dass der Moderator die Kärtchenmethode anwendet. Diese Methode hat den Vorteil, dass auch zurückhaltende Teilnehmer ihren Beitrag leisten. Ich halte die Kärtchenmoderation für eine Methode, die Gleichbehandlung aller Teilnehmenden ermöglicht.

Ich beginne die Moderation, indem ich mit der Gruppe zusammen ein gemeinsames, übergeordnetes Ziel formuliere. Dieses Ziel ist meist strategisch. Wenn von den Teilnehmenden konkrete Handlungs- oder Unterlassungswünsche geäußert werden, frage ich solange, bis ich ein „Dach" gefunden habe, unter das alle passen: „Was würden Sie damit für sich/für Ihr Team erreichen?" Das strategische, übergeordnete Ziel ist deshalb so wichtig, weil es in der Phase der Lösungssuche die Lösungsoptionen vervielfacht. Dieses Ziel notiere auf einer „Moderationswolke" und hefte es an die Pinnwand.

Dann stelle ich die Moderationskarten zur Verfügung. Jeder Teilnehmer erhält so viele Karten, wie er braucht.

Die Beteiligten werden gebeten, auf die Karten einen kurzen Satz dazu zu schreiben, worin für sie persönlich das Problem/ der Konflikt besteht (Problemdefinition). Wichtig zu beachten ist hier, dass auf jede Karte wirklich nur ein Problem notiert wird. Die Kärtchen sammelt der Moderator oder die Moderatorin ein, veröffentlicht sie durch Vorlesen und Anheften an eine Metaplanwand und bündelt sie in einem anschließenden Arbeitsgang thematisch. Im Plenum werden für die einzelnen Cluster dann Überschriften gefunden. Der Moderator/die Moderatorin reflektiert die (negative) Wirkung der Nennungen und die Verletzungen und den Ärger, der durch die genannten Probleme im Team und bei Einzelnen entstanden ist.

Es folgt die Phase der Lösungssuche. Dazu teile ich die Großgruppe in mehrere Dreier- und Vierergruppen auf. Jede Gruppe erhält eine Anzahl leerer Kärtchen und die Aufgabe, pro Kärtchen ähnlich wie im Brainstorming eine Lösungsmöglichkeit zu notieren, die das Team der im ersten Schritt entwickelten Lösung näher bringt. Mit diesen Kärtchen wird dann ähnlich verfahren wie in der Phase der Problemdefinition.

Die Schlussphase im Plenum besteht darin, sich auf eine Reihenfolge der Lösungsschritte zu einigen. Jeder Teilnehmer erhält drei Punkte, die er nach seinem Dafürhalten für die in den Gruppen gefundenen Lösungsmöglichkeiten verteilen kann. Damit ist die Gruppenmoderation abgeschlossen.

Die Kärtchenmoderation ist eine sehr demokratische Methode, die bei fast allen Beteiligten Anerkennung und Zustimmung findet. Nichtsdestotrotz ist es für den Moderator wichtig, auf Minderheiten oder Einzelne mit starken Widerständen zu achten und gezielt darauf einzugehen. Eventuell kann noch ein weiterer Durchgang erfolgen, indem die geäußerten Bedenken berücksichtigt werden.

11. Konfliktprophylaxe

Am besten lässt man es gar nicht erst zum Konflikt kommen. Gezieltes Vorbeugen ist die beste Form des Konfliktmanagements. Höflichkeit und falsche Scham hindern aber oft am rechtzeitigen Eingreifen. Man tut sich schwer damit, einen Konflikt anzusprechen. Zum Teil, weil es gesellschaftlich tabuisiert wird, zum Teil, weil man nicht weiß wie und weil man seinen eigenen Gefühlen nicht traut. Ist es wirklich so schwer, zu sagen: „Ich habe den Eindruck, die Stimmung zwischen uns ist im Moment nicht so gut. Was meinen Sie?"? Wenn Sie Missstimmungen entschlossen, mutig und rechtzeitig angehen, können Sie viel Schlimmes verhindern.

Eine offene Gesprächskultur, in der die Werte aller geachtet werden, wo persönliche Anliegen, Befürchtungen und Wünsche Raum haben, ist zur Konfliktprävention sehr empfehlenswert. Includiert in eine solche Atmosphäre können regelmäßige Mitarbeitergespräche sowohl ein Frühwarnsystem sein, als auch Vertrauen schaffen und motivieren. Gut moderierte Konferenzen, Teamsitzungen und regelmäßige Workshops können ebenfalls dazu beitragen, sich offen auszutauschen und über das Alltagsgeschäft hinaus Ziele zu entwickeln und zu verfolgen.

12 Anregen und Bewegen

12.1 Motivation

Manchmal haben wir den Eindruck, die Situation stagniert. Es bewegt sich nichts. Wir kommen nicht weiter. Es treten keine Verbesserungen ein. Im Gegenteil: Wir meinen, Rückschritte zu beobachten. Ganz abgesehen davon, dass dieser Zustand eine notwendige Ruhephase sein kann, empfinden wir ihn doch als äußerst frustrierend. Bevor ich einige Instrumente vorstelle, die Bewegungsimpulse auslösen können, möchte ich das Thema Motivation theoretisch beleuchten.

Der Begriff Motivation wird von dem lateinischen Wort „movere = bewegen; PPP = motum; motus = die Bewegung"[48] abgeleitet und bezeichnet in den Humanwissenschaften sowie in der Ethologie einen Zustand des Organismus, der die Richtung und die Energetisierung des aktuellen Verhaltens beeinflusst. Dabei wird unter Richtung des Verhaltens die Ausrichtung auf Ziele verstanden und unter Energetisierung die mehr oder weniger intensive psychische Kraft, mit der der Mensch seine Ziele anstrebt. Mit anderen Worten: Welches Ziel strebe ich mit wie viel Kraft an. Ein Synonym von "Motivation" ist Verhaltensbereitschaft. Auch der Begriff „Emotion" hat – wie weiter vorne erläutert – denselben Ursprung.

Aus biologischer Sicht werden als Merkmale für „Leben" mindestens Fortpflanzung, Stoffwechsel und Bewegung definiert. Wir können also mit gutem Grund davon ausgehen, dass Motivation immer vorhanden ist, solange wir leben. Wie kommt es dann aber zu solchen Phänomenen wie unmotivierten, antriebsarmen Menschen?

---

[48] Bertelsmann Fremdwörterbuch

Wieso ist es notwendig, überhaupt über Motivation nachzudenken? Meine Hypothese: Häufig handelt es sich um entmutigte Menschen, die durch mehrere Misserfolgserlebnisse an ihren Fähigkeiten zweifeln. Die Gründe dafür sind vielfältig: Vielleicht haben sie sich bisher zu hoch gesteckte Ziele gesetzt oder sie waren sich über die Möglichkeiten der Zielerreichung nicht im Klaren oder sie sind sich ihrer Fähigkeiten nicht bewusst usw..

Die Motivationsforschung unterscheidet die zwei großen Bereiche der Inhalts- und der Prozesstheorien. Dabei behandeln die Inhaltstheorien die Anreize, die Menschen in Bewegung bringen. Hierzu gehört z.B. die Gerechtigkeitstheorie von Adams oder die Zwei-Faktoren-Theorie von Herzberg. Die Prozesstheoretiker untersuchen, welche psychischen Prozesse beim Menschen ablaufen, der motiviert ist. Hier ist z.B. McClelland ein wichtiger Vertreter. Ich stelle im folgenden die theoretischen Erkenntnisse vor, soweit sie für die Anwendung der weiter unten aufgeführten Interventionen interessant sind.

Theoretisch können wir zwischen intrinsischer und extrinsischer Motivation, Hin-zu- und Weg-von-Motivation unterscheiden.

Als intrinsisch wird die Motivation dann verstanden, wenn die Aufgabe selbst genug Aufforderungscharakter hat und deshalb übernommen wird, z.B., weil sie zur Lebenserhaltung beiträgt. Außerdem gehören dazu Tätigkeiten die wir interessant finden, Sachen, die wir herausfinden möchten, Entdecker- und Explorationsverhalten, natürlich auch Sexualität und ein interessanter Arbeitsinhalt.

Extrinsische Motivation wird z.B. in der Erziehung oder im Arbeitsleben eingesetzt, wenn Aufgaben selbst nicht verlockend genug sind, um ausgeführt zu werden. Dann braucht es zusätzliche Anreize. Als extrinsische Motivatoren gelten Lob, Belohnungen oder Prämien, auch Bezahlung und Anerkennung.

Hin-zu-Motivation ist ergebnisorientiert. Menschen mit dieser Motivation haben eine Idee, eine Vision. Sie haben ein klares, positives Ziel vor Augen. Es kann um Erfolg, Macht und Status gehen oder auch um soziale Motive wie Familie und Liebe. Die Hin-zu-Motivation aktiviert eher, der Mensch kommt schneller ins Handeln, sie ist proaktiv. Emotionen, die zu dieser Art der Motivation gehören, sind Lust und Inspiration.

Die Weg-von-Motivation ist vermeidungsorientiert. Diese Art der Motivation entsteht, wenn wir einer unguten Situation entfliehen wollen. Bevor wir in solchen Situationen handeln, muss der Leidensdruck schon ziemlich groß sein. Es dauert also im Vergleich mit der Hin-zu-Motivation länger, bis wir etwas tun. Unser Handeln ist reaktiv, es ist die Antwort auf einen negativen Auslöser. Hier sind Angst und Verzweiflung die dazugehörigen Emotionen.

Wie motiviert Menschen sind, hängt auch mit den Gründen zusammen, die sie selbst für ihren Erfolg oder Misserfolg verantwortlich machen. Wir können motivierend wirken, wenn wir die Denkmuster unserer Klienten erkennen und in diesem Zusammenhang Veränderungen anregen.

12.2 Attribuierung (Ursachenzuschreibung)

Fritz Heider (* 19. Februar 1896 in Wien; † 1. Februar 1988 in Lawrence, Kansas, USA) war ein österreichischer Psychologe der Gestaltpsychologie, der seit 1930 in den USA lebte und arbeitete[49]. Er gilt als der Begründer der Attributionstheorie. Attributionstheorien der Psychologie beschreiben, welche Ursachenzuschreibungen Menschen vornehmen, um sich das Verhalten von anderen Menschen oder ihr eigenes Verhalten zu erklären.

Dieser Theorie zufolge erklären sich erfolgsgewohnte Menschen Erfolg und Misserfolg aufgrund anderer Ursachen als misserfolgsgewohnte Menschen. Die Ursachen für den Erfolg können in der Person selbst liegen und zum einen mit den Fertigkeiten und Fähigkeiten, also dem Können, zu tun haben. Dann sind sie eher als stabil einzuschätzen. Zum anderen hängen sie mit der Motivation, dem Wollen der Person zusammen. Dieser Faktor ist variabler – quasi von der „Tageslaune" abhängig. Oder der Grund für Erfolge bzw. Misserfolge liegt in der Umwelt, dann hat er entweder mit der Aufgabenschwierigkeit und der Situation zu tun (stabil) oder er ist variabler und es war einfach Glück bzw. Pech.

---

[49] wikipedia, nachgeschaut am 27.04.11

Die nachfolgende Grafik verdeutlicht die Attribuierungen:

	Person	Umwelt
stabil	Können	Aufgaben-schwierigkeit
variabel	Wollen	Glück/Pech

Nun gibt es zwischen erfolgsgewohnten und misserfolgsgewohnten Menschen einen entscheidenden Unterschied in der Interpretation.

Misserfolgsgewohnte Menschen attribuieren häufig pessimistisch. Für sie ist Misserfolg internal bedingt, d.h, sie schreiben den Misserfolg ihrem mangelnden Können zu. Auf der anderen Seite wird die Umwelt als stabil und global eingeschätzt. Sie gehen also davon aus, dass sie niemals (Verallgemeinerungen sind häufig) andere, bessere Bedingungen vorfinden werden. Die Situation wird als unveränderbar wahrgenommen. Wenn sie dann doch mal Erfolg haben, war die Aufgabe bestimmt sehr einfach oder sie nehmen an, Glück gehabt zu haben. Und das lässt sich ja nicht mit eigenen Kräften wiederholen. Erfolg ist in diesem Denkmuster external, variabel und spezifisch determiniert.

Menschen mit optimistischem Attributionsstil betrachten Misserfolg als external bedingt und veränderbar, das schlechte Ergebnis war eben einmaliges und besonderes Pech (Umwelt). Ihren Erfolg schreiben sie vollständig ihrem Können zu, er ist internal, stabil und global (Person).

Das Wissen um diese Attribuierungen gibt uns Beratern die Chance, wenn wir sie bei unseren Klienten erkennen, mit ihnen gemeinsam an den Denkmustern zu arbeiten und sie positiv zu verändern, z.b. mit Affirmationen, die ich weiter unten beschreibe.

Wie Menschen über sich selbst und ihre Fähigkeiten denken und wie sie ihr Können einschätzen, beeinflusst ihre Leistungsfähigkeit. Wer will schon gerne etwas tun, wenn er von vornherein annimmt, dass er damit scheitert? Sätze wie „Das kann ich sowieso nicht" oder „das schaff ich nie" verhindern den ersten Schritt in Richtung Veränderung. Instrumente, die das Selbstwertgefühl aufbauen wie z.B. das weiter vorn beschriebene Fähigkeitsprofil oder die Verdeutlichung von bisherigen Erfolgen können den Klienten ermutigen und sein Zutrauen in seine Leistung erhöhen.

12.3 Ziele setzen

Wie weiter oben bereits beschrieben, wirken Hin-zu-Ziele besonders motivierend. In der systemischen Beratung spielen die Entwicklung von Zielen und die Begleitung bei der Zielerreichung deshalb eine wichtige Rolle. Anders als in der Konfliktmoderation, wo es bei der Zielentwicklung um ein strategisches Ziel geht, mit dem alle einverstanden sein können, handelt es sich hier um konkrete, bildlich vorstellbare Ergebnisse. Erst, wenn die Ziele eindeutig und klar definiert sind, können wir uns auf den Weg machen, uns zu bewegen. Dann geben die Ziele uns Auskunft darüber, was wir tun müssen, um ihnen ein Stückchen näher zu kommen. Sie bestimmen also die

Richtung und sie sind handlungsanleitend. Zusätzlich haben wir durch die Etablierung von Zielen die Chance, unseren Erfolg zu messen und uns unserer Umwelt gegenüber berechenbar und konsequent zu zeigen. Damit möglichst oft Erfolg verbucht werden kann, ist es ratsam, neben dem Optimalziel auch Alternativen zu entwickeln und auch ein Minimalziel zu formulieren. Damit können wir das Gefühl verhindern, „leer ausgegangen" zu sein. Dass Ziele durch ihre Funktionen auch das Selbstwertgefühl stärken, ist ein positiver Nebeneffekt.

Ziele erfüllen ihre Funktionen am besten, wenn sie SMART formuliert sind. Das Wort SMART ist ein Akronym und damit eine Erinnerungshilfe für eine erfolgversprechende Formulierung.

Das „S" steht dabei für spezifisch. Spezifisch sind Ziele dann, wenn sie positiv, im Präsens und im Indikativ formuliert sind und wenn sie keine Vergleiche enthalten. Das können wir gut eruieren, indem wir unseren Klienten darum bitten, uns das Bild zu beschreiben, das vor seinem geistigen Auge entsteht, wenn er an die Zielerreichung denkt. Dabei wird dann auch deutlich, warum Ziele keine Vergleiche enthalten sollen: In diesem Fall entsteht nämlich das Bild aus dem Vergleich und kein eigenes.

Etwas **M**essbares wie Mengen, Maße, Gewichte, Größen sollten Ziele enthalten, damit wir wissen, wann wir unser Ziel erreicht haben oder in welchem Ausmaß wir ihm näher gekommen sind.

Das „A" kann für mehrere Punkte angeführt werden. In erster Linie steht es für Aktivität. Kann der Bereffende selbst etwas für die Zielerreichung tun? Verfügt er über die notwendigen Fähigkeiten, hat er die Macht? Wenn nicht: Kann er sich die Fähigkeiten aneignen oder findet er Unterstützung in der Umwelt? Die Klärung dieser Fragen ist wichtig, um Misserfolge, die abzusehen sind, auszuschließen. Das „A" kann auch für attraktiv stehen. Wirkt unser Klient in dem Moment, wo er das Zielbild kreiert, zufrieden? Ist es wirklich sein Ziel oder hat er es von anderen, vorzugsweise den Eltern, übernommen? Im Arbeitsleben spielt auch die Akzeptanz des Zieles eine große Rolle. Wird das Ziel von allen Beteiligten mitgetragen oder zumindest nicht behindert? Die Klarheit über diesen Punkt kann die Zusammenarbeit wesentlich erleichtern.

Die Realisierbarkeit der Ziele bezieht sich auf die Chancen, die die Umwelt bietet. Ist es unter den gegebenen Umständen überhaupt möglich, das Ziel zu erreichen? Ist die Veränderung, die die Zielerreichung bewirken wird, für alle Beteiligten tragbar? Haben jemals schon Menschen dieses oder ein ähnliches Ziel erreicht?

Handlungsbereitschaft und Leistungsfähigkeit können noch gesteigert werden, wenn wir die Zielerreichung – wie bei jedem Projekt – terminieren. Termine helfen uns, die notwendigen Schritte zeitlich einzuplanen und strukturiert vorzugehen. Wir können dadurch sogenannte „Meilensteine" setzen und zwischendurch auch einmal aufatmen und uns belohnen, weil wir ein Zwischenziel erreicht haben.

12.4 Stärkende Interventionen

12.4.1 Beschreibendes Lob

Das beschreibende Lob ist ein Instrument aus der Verhaltensforschung. Hier machen wir uns die Erkenntnis zu nutze, dass alle Lebewesen Unlustgefühle vermeiden wollen und Lustgefühle anstreben (siehe auch weiter oben Hin zu- und Weg-von-Motivation). Unsere praktische Pädagogik arbeitet leider viel zu oft mit Strafen, regt also die „Weg-von-Motivation" an. Schon Comeni wusste allerdings, dass es viel sinnvoller ist, mit positiven Anreizen zu locken. Das beschreibende Lob ist eine relativ komplexe Abfolge von Teilaufgaben, die wir bei wirkungsvoller Anwendung berücksichtigen müssen.

Der erste Schritt ist die wahrnehmungsspezifische Identifikation des unerwünschten Verhaltens. Schon das ist gar nicht so einfach, wenn wir berücksichtigen, wie schwierig es ist, sich tatsächlich darauf zu reduzieren, was wir wirklich mit unseren Sinnen aufnehmen (siehe hierzu auch das Kapitel Wahrnehmung bei Kommunikation). Dann erfordert es unsere Geduld, eine Ausnahme des unerwünschten Verhaltens wahrzunehmen. Das bedeutet, unser Gegenüber verhält sich in einer Situation, in der sonst häufig das unerwünschte Verhalten auftritt, einmal aus unserer Sicht akzeptabel. Und jetzt kommt es darauf an, genau dieses akzeptable Verhalten wahrnehmungsspezifisch zu beschreiben, bevor wir es loben.

Ein Beispiel aus dem Vorschulbereich, das einer meiner Teilnehmer mit einem Kind erlebt hat: Der Sozialpädagoge beobachtet, dass Sascha mehr als andere Kinder in Streit gerät, schlägt und schubst. Die anderen Kinder nutzen Saschas leichte Erregbarkeit manchmal aus. Sascha springt in der Regel darauf an und häufig kommt es zu einem Gerangel.

Nun beobachtet der Erzieher, wie Sascha quer durch den Gruppenraum geht, von einem anderen Jungen in einen Streit verwickelt werden soll und einfach weiter geht. Der Erzieher sagt zu Sascha: Hej, Sascha, du bist durch den Gruppenraum gegangen, der Mike hat dich angemeckert und du bist einfach weitergegangen! Das finde ich klasse!"

Dem Pädagogen ist im nachhinein bewusst geworden, dass er Sascha damit eine strategische Möglichkeit zur Verhaltensänderung an die Hand gibt.

Ein weiteres Beispiel aus dem Berufsleben, wie sich das beschreibende Lob anhören kann: „Martin, unsere Konferenz hat um 14.30 Uhr begonnen und du warst genau pünktlich da. Ich fand´s toll, dass wir sofort mit unserem Programm starten konnten!"

Das beschreibende Lob sollte zeitnah, möglichst in der Situation selbst, ausgesprochen werden, damit es seine volle Wirkung entfalten kann.

12.4.2 Skalenarbeit

Wenn unser Klient ein konkretes Ziel hat, können wir durch die Nutzung von Skalen (möglich sind Skalen von Null bis Zehn oder von Null bis 100) zum einen für unseren Klienten den Ist-Zustand verdeutlichen und zum anderen die nächsten (kleinen) Schritte in Richtung Ziel einleiten.

Dazu definieren wir im Raum (das ist die intensivste Erfahrung) eine Strecke, an deren Enden wir mit Start und Ziel oder eben Null und 100 bezeichnete Karten legen und bitten den Klienten, eine Position auf dieser Strecke einzunehmen, die seiner momentanen Zielerreichung entspricht. Auf dieser Position können wir Fragen stellen wie: „Was hast du bisher alles gemacht, dass du schon auf Drei stehst?" - „Was hat Dir zu diesem Fortschritt verholfen?" – „Wer oder was hat dich dabei unterstützt, auf die Drei zu kommen?" – „Welche Fähigkeiten hast Du eingesetzt, um die Drei zu erreichen?" und auch, wenn der Klient auf Eins steht: „Wie kommt´s, dass Du nicht auf minus Drei stehst?" – „Wie fühlt sich das an, da, wo Du stehst?"

Wir können den Klienten einen Schritt rückwärts gehen lassen und ihn fragen: „Was müsste passieren, damit Du auf der Zwei landest?" – „Wie ist das für Dich?"

Nach der Bitte, wieder auf den Ausgangspunkt zurückzugehen, bitten wir den Klienten, einen kleinen Schritt vorwärts zu gehen, z.B. auf die 3,5. Hier können Fragen folgen, die die Tätigkeiten beinhalten, die zu diesem Schritt notwendig waren: „Was genau hast Du getan, um auf die 3,5 zu kommen?" – „Welche Fähigkeiten hast Du eingesetzt?" – „Wer/Was hat Dich dabei unterstützt?" – „Ist es möglich für dich, das zu tun?" - „Was könntest Du sonst noch tun, um auf die 3,5 zu kommen?" usw..

Die Arbeit auf dieser Skala im Raum bewirkt häufig einen Impuls zu Handlungen in Richtung Ziel. Das geschieht auch dadurch, dass die Schritte in Richtung Ziel kleinteiliger und damit machbar werden. Viele wollen von Null auf 100 in einem einzigen Schritt und sind damit natürlich vollständig überfordert.

Eine etwas einfachere Art und Weise der Skalenarbeit (und ich denke, auch etwas weniger intensiv) ist die Arbeit mit Skalen auf einem Blatt Papier. Hier ist der emotionale Abstand größer und für manche Menschen ist es leichter, sich auf dieses Gedankenspiel einzulassen.

12.4.3 Die Alignment-Strategie

(Zielausrichtung auf allen Ebenen)

Robert Dilts definiert fünf Ebenen der Persönlichkeit. Um unsere Ziele zu erreichen und vielleicht überhaupt erst einmal anzustreben, ist es zumindest günstig, wenn die Zielerreichung auf allen Ebenen akzeptiert ist. Wir überprüfen mit diesem Instrument, ob unser bzw. das Verhalten des Klienten im Sinne des Zieles stimmig ist, ob die Fähigkeiten, die eingesetzt werden müssen, vorhanden sind, ob unsere innere Stimme und unsere Werte die Zielerreichung unterstützen und ob wir mit der dann erworbenen Identität, mit diesem „Ich bin ..." einverstanden sein können. Schließlich gibt die Alignment-Strategie noch Auskunft darüber, welcher Nutzen mit der Zielerreichung für die Umwelt gestiftet werden kann.

Methodisch gehen wir bei der Alignment folgendermaßen vor: Nachdem unser Klient ein wohlformuliertes Ziel entworfen hat, bitten wir ihn, sich mit dem Rücken zur Pyramide in der Umwelt aufzustellen und unterstützen ihn dabei, sich mit allen Sinnen die Umwelt nach der Zielerreichung vorzustellen. Als Berater fragen wir unseren Klienten, was er sieht, welche Farben und Formen er erkennen kann, an welchem Ort genau sich das Ziel realisiert und wie es dort aussieht, ob andere Menschen dazu gehören und was sonst noch so zu sehen ist. Dann, ob etwas zu hören ist, menschliche Stimmen vielleicht oder natürliche Geräusche. Und welche Körperempfindungen zu spüren sind, wie es riecht und ob es etwas Geschmackliches gibt.

Wir ankern diese inneren Bilder, indem wir unseren Klienten am Oberarm berühren und bitten ihn dann, einen Schritt rückwärts in das

Feld des Verhaltens zu gehen. Hier fragen wir, was genau er/sie in der Umwelt tut, in der er sein Ziel bereits erreicht hat. Wie bewegt sie/er sich, welche Handlungen führt er/sie aus, was macht er/sie genau? Auch hier ankern wir wieder durch einen leichten Druck auf den Oberarm und führen unseren Klienten einen Schritt weiter rückwärts in das Feld der Fähigkeiten.

Welche Fähigkeiten, welches Können und Wissen ermöglicht es dem Klienten, das zu tun, was er tut? Hier können wir als Berater auch Vermutungen anstellen, welche Fähigkeiten und Fertigkeiten noch dazugehören.

Nach Ankern und dem nächsten Schritt rückwärts sind wir im Feld der Beliefs. Hier erfragen wir die Werte und Glaubenssätze, die im

Leben des Klienten eine Rolle spielen. Woran glaubt der Klient, was ist ihm wirklich wichtig? Passen die Glaubenssätze und Werte zum Ziel?

Ankern und einen Schritt weiter nach hinten bringt uns in das Feld der Identität. Hier bitten wir den Klienten, einen „Ich-bin-Satz" zu formulieren, der ausdrückt, was ihn ausmacht, wenn er das Ziel erreicht hat. Dieser Satz kann lauten: „Ich bin eine erfolgreiche und angesehene Ärztin" – oder „Ich bin ein gesuchter Vermittler in Streitfällen" oder „Ich bin ein fördernder und fordernder Lehrer".

Der letzte Schritt rückwärts führt in das Feld der Mission. Vor diesem Wort schrecken vielleicht einige zurück, weil es sich sehr pathetisch anhört. Es bedeutet aber nichts weiter, als dass hier abgefragt wird, welchen Nutzen die Allgemeinheit von der Zielerreichung des Einzelnen hat. Wofür bin ich da, was kann ich mit der Zielerreichung für andere bewirken? Gerade hier wird ein wesentlicher Impuls gesetzt, weil es vielen sehr viel einfacher fällt, für andere etwas zu tun als für sich selbst.

Nun wird der Klient vorwärts durch jedes Feld zurück zur Umwelt geführt. Wir berühren ihn dabei leicht am Oberarm, und zwar die Stelle, an der wir die Erkenntnisse in den Feldern jeweils geankert haben. Bei jedem Schritt vorwärts referieren wir nun die zurückliegenden Beschreibungen. Im Feld der Identität also die Mission, den Nutzen, im Feld der Beliefs die Mission und die Identität und so weiter, bis wir wieder in der Umwelt angelangt sind.

In diesem Feld kann der Klient nun abschließend überprüfen, ob alle Facetten seiner Persönlichkeit mit der Zielerreichung übereinstimmen.

Ich habe es erst einmal erlebt, dass das nicht der Fall war. Und auch das ist ein gutes Ergebnis, weil dann keine unnötige Kraft mehr in das Ziel gesteckt werden muss.

12.4.4 Time-Line

Die Time-Line oder Lebenslinie kann auf viele verschiedene Arten genutzt werden. Sie kann auf einem Blatt Papier gemalt und mit Symbolen für Sternstunden und Krisen versehen werden. Sie kann im Raum visualisiert und als Einbettung für eine zu bearbeitende Krise dienen oder, und das ist die Methode, die ich hier vorstellen möchte, als Ermutiger für einen positiven Schritt in die Zukunft.

Wir bitten unseren Klienten, sich seine Lebenslinie im Raum vorzustellen. Zuerst kann er die Richtung angeben, dann die Form, ist sie gebogen oder gerade? Hat die Time-Line vielleicht eine Farbe? Ist sie breit oder schmal? Den Anfangspunkt der Time-Line bezeichnen wir mit einem Kärtchen, auf dem „Geburt" steht. Der Endpunkt ist mit „Heute" betitelt. Wir sind beide neben der Time-Line im Raum positioniert und betrachten sie quasi von der Seite. Ich habe drei runde Kärtchen und einen Stift in der Hand und bitte meinen Klienten, sich eine Situation vorzustellen, in der er voll erfolgreich war, seine gesammelten Kräfte gut nutzen konnte und rundherum zufrieden war.

Manchen Klienten fällt es zunächst schwer, sich eine positive Situation vorzustellen. Das liegt meist daran, dass dieser Klient sich derzeit nicht besonders gut fühlt. In diesen Phasen erinnern wir uns häufig nur an Negatives, genauso, wie wir uns in guten Phasen an die postitiven Ereignisse in unserem Leben erinnern. Ist der Klient in einer sogenannten „Stucksituation", frage ich die frühe Kindheit ab und da ist bisher immer etwas gewesen, was wir nutzen können. Es gibt eben immer Höhen und Tiefen.

Wir schätzen dann gemeinsam auf der Time-Line die Relation Zeit und Raum und legen das erste Kärtchen so in etwa auf dem Alter ab, in dem das positive Erlebnis war. Dann bitte ich den Klienten, sich auf das Kärtchen zu stellen. Mit meinen Fragen unterstütze ich ihn dabei, intensiv in die Situation einzusteigen. Das gelingt mir, indem ich die Situation VAKOG-mäßig abfrage. Das heißt, ich erfrage die visuellen Faktoren wie Farben und Formen, die Gegenstände, die Umgebung, drinnen oder draußen, Art der Möbel und Kleidung, andere Menschen usw., dann die auditiven Inhalte, das Kinästhetische, den Geruch und eventuell auch den Geschmack ab. Dabei beobachte ich den Klienten genau und wenn ich merke, was manchmal passiert, das er in negative Gedanken „abrutscht", erinnere ich ihn daran, sich das Schöne vorzustellen.

Wenn ich an der Physiognomie sehe oder auch erfrage, dass der Klient nun die positive Situation intensiv nacherlebt, bitte ich ihn wieder zu mir neben die Time-Line, gebe ihm den Stift und fordere ihn auf, ein Symbol, einen Märchen- oder Songtitel, ein Sprichwort oder einen Schlüsselbegriff auf die Karte zu schreiben. So versehen wird die Karte wieder auf den entsprechenden Zeitpunkt der Time-Line gelegt. Sie finden im Anhang eine weitere Erläuterung mit Grafik.

Nun weise auf mein zweites Kärtchen. Mit diesem und auch mit dem dritten wird genau so verfahren wie mit dem ersten. Wenn dann drei mit Erfolgssymbolen bezeichnete Kärtchen auf der Time-Line liegen, bitte ich den Klienten, vom Geburtskärtchen an langsam seinen Lebensweg abzulaufen, bei den Kärtchen zu stoppen, die Situationen noch einmal zu vergegenwärtigen und die Kärtchen aufzuheben.

Am Ende der Time-Line, bei „Heute" bitte ich den Klienten, innezuhalten, die gesammelte Kraft der Symbole auf den Kärtchen zu spüren und dann, wenn er so weit ist, mit dieser Stärkung einen Schritt in die Zukunft, auf sein definiertes Ziel hin, zu machen.

Die Time-Line in dieser Form ist eine Intervention, die unseren Klienten für das, was sie in der Zukunft vorhaben, stärken und ermutigen kann.

13. Selbstmanagement und Stressbewältigung
13.1 Grundlagen und Definition

Neben organischen Krankheiten, falscher Ernährung, zu wenig Bewegung, Schlafmangel und Humorlosigkeit gehört Stress zu den wichtigsten krankmachenden Faktoren. Zwar sprechen Wissenschaftler heute nicht mehr vom „Eustress", unbestritten ist aber, dass Stress, verstanden als ein Erregungszustand des Körpers, auch positive Folgen im Sinne von Persönlichkeitsentwicklung, Erweiterung der Fähigkeiten und Fertigkeiten und Steigerung der Widerstandskraft auslösen kann. So verstanden regt uns Stress dazu an, tätig zu werden und eine unangenehme Ist-Situation positiv zu verändern. Es ist, wie bei vielem, eine Frage der Dosierung. Und hier lauert die Gefahr: Was passiert bei einer überhöhten Dosis, wie können wir damit umgehen und welche Chancen haben wir in Bezug auf eine langfristige stabile und ausgeglichene Situation (wenn die überhaupt wünschenswert ist)? Damit beschäftigt sich diese Ausarbeitung. Ich beginne mit der Definition, stelle im Anschluss Stressoren und Stressmodelle dar, beschreibe die körperlichen Reaktionen auf Stress sowie die kurz- und langfristigen Folgen. Der wichtigste Teil dieser Ausarbeitung befasst sich mit der Stressbewältigung.

Stress bezeichnet ein Muster spezifischer und nichtspezifischer Reaktionen eines Organismus auf Ereignisse, die sein Gleichgewicht stören und seine Fähigkeit, diese zu bewältigen, stark beansprucht oder übersteigt.[50] Die Reize, d.h. die Situationen, die diese Beanspruchung auslösen, sind die Stressoren. Ein Stressor kann der

---

50 Philip G. Zimbardo, Richard J. Gerrig: **Psychologie**. Pearson Studium, München, 2004

Anblick einer Schlange oder das Quietschen von Autorädern oder jede andere Situation sein, die Gefahr signalisiert und deren Bewältigung fraglich erscheint. Als akuter Stress wird ein vorübergehender Erregungszustand mit typischerweise klaren Anfangs- und Endmustern bezeichnet. Liegt ein chronischer Erregungszustand vor, der durch Anforderungen begründet ist, denen sich das Individuum nicht gewachsen fühlt, spricht man vom chronischen Stress.

Während akuter Stress durchaus positive Wirkungen wie neue Bewältigungsstrategien, Wissenszuwachs, höhere Lebensqualität, Entwicklung und Erstarkung bedeuten kann, ist chronischer Stress durch die hormonelle Reaktion des Körpers (stetige Ausschüttung von Cortisol) sehr negativ zu bewerten. Chronischer Stress ist die Ursache für viele Krankheiten wie z. B. Herz- und Kreislauferkrankungen, Magen- und Darmkrankheiten, oder psychischen Störungen wie Schlaflosigkeit, Antriebsarmut, Depression, Sucht und psychosomatischen Erkrankungen.

13.2. Stressentstehung – Stressphasen

13.2.1 Stressentstehung

Stress am Arbeitsplatz entsteht meist durch das Vorhandensein einer oder mehrerer der folgenden fünf Bedingungen:

1. Durch die Aufgabe selbst. Sie erzeugt Stress, wenn sie unter- oder überfordernd ist, schwierige emotionale Anforderungen stellt oder sehr viel Emotionsarbeit erfordert.
2. Durch die Arbeitsorganisation. Hier sind Zeitdruck oder Daueraufmerksamkeit die Gründe, mangelhafte Ausstattung mit Werkzeugen oder extreme Fremdbestimmung. Rollen-

konflikte, widersprüchliche Arbeitsanweisungen und unklare Bewertungskriterien spielen ebenfalls eine Rolle.
3. Durch physische Bedingungen, die auf die Umgebung zurückzuführen sind. Lärm, Hitze, Staub, Erschütterungen bewirken Stress ebenso wie einseitige Körperhaltungen und die Länge und Lage der Arbeitszeit (z.B. Nacht- und Schichtarbeit).
4. Durch soziale Bedingungen wie schlechtes Betriebsklima, Konflikte, Mobbing, unfaire Behandlung oder erzwungene Kooperation.
5. Durch organisationale Rahmenbedingungen wie unzureichende Informationspolitik, ungerechte oder untransparente Lohnpolitik, unklare oder bedrückende Zukunftsaussichten und auch Mikropolitik.[51]

Ulich[52] geht auf Forschungen ein, die belegen, dass hohe Arbeitsanforderungen vor allem dann zu Stresssymptomen führen, wenn sie mit einem kleinen Entscheidungs- und Kontrollspielraum verbunden sind. Stresssymptome bleiben dann aus, wenn die Tätigkeit – auch bei hoher Intensität – selbstbestimmt durchgeführt werden kann.

13.2.2 Stressphasen

Häufig sind folgende drei Stufen der Stressreaktionen zu beobachten: In der ersten Stufe tritt eine Alarmreaktion ein. Der Körper aktiviert

---

[51] Lutz von Rosenstiel: Grundlagen der Organisationspsychologie. Schäffer-Poeschel, Stuttgart 2007, S. 116
[52] Eberhard Ulich: Arbeitspsychologie. Schäffer-Poeschel Verlag, Stuttgart 2001, S. 455 f.

Kräfte, die eine Stressabwehr bewirken sollen. Lassen die Stressoren nicht nach, folgt allmählich eine Resistenz gegenüber den Stressoren. Der Körper sucht auf dem Abwehrniveau ein neues Gleichgewicht. Das hohe Erregungsniveau wird als normal empfunden. Die dritte Stufe, Erschöpfung, tritt auf, wenn durch lang anhaltenden Stress die Kraft zur Anpassung ermüdet.[53]

13.2.3 Das Stressmodell von Lazarus

Ein bekanntes Stressmodell ist das in der folgenden Grafik dargestellte von Lazarus:[54]

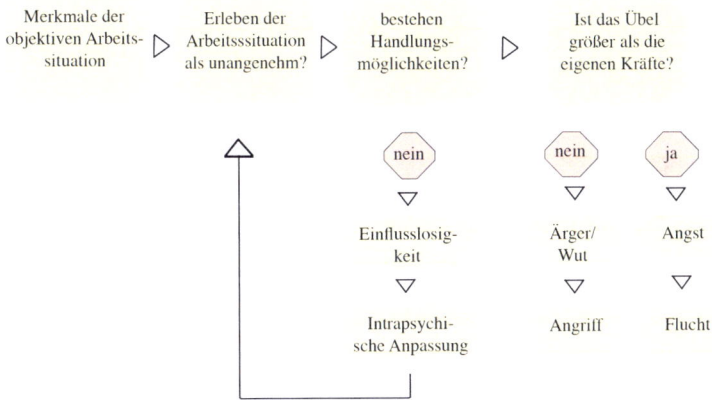

---

[53] Rosenstiel, aaO. S. 113
[54] Rosenstiel, aaO. S. 114

Folgt man diesem Modell, ist Stress insbesondere verbunden mit tatsächlichem oder vermeintlichem Kontrollverlust, der mit Gefühlen der Bedrohung, des Ausgeliefertseins, der Hilflosigkeit und der Abhängigkeit einhergeht.[55] Stressreduzierend in risikoreichen Situationen können sich demnach unsere Fähigkeiten und Fertigkeiten und auch unser Wissen auswirken. Wenn wir wissen, dass wir über genügend Fähigkeiten und Fertigkeiten verfügen, risikoreiche Situationen zu bewältigen, hält sich der Stress in Grenzen. Fähigkeiten, Fertigkeiten die wir haben und auch unsere Kentnisse nutzen uns allerdings nichts, wenn wir uns dessen nicht bewusst sind. Weidner[56] empfiehlt, ein dreispaltiges Fähigkeitsprofil anzulegen (in der Anlage finden Sie ein Beispiel), das uns unsere Stärken bewusst macht und in schwierigen Situationen ermutigt.

Das Stressmodell von Lazarus legt ebenfalls nahe, dass Flucht eine natürliche Reaktion in risikoreichen Situationen ist, und zwar dann, wenn wir es mit nicht zu bewältigenden Situationen zu tun haben. Nun ist es uns schwerlich möglich, vor einem cholerischen Chef oder Aktenbergen die Flucht zu ergreifen wie vor einem wilden Tier. Die Folge ist, dass der Schreck quasi „einfriert", im Körper gespeichert wird ohne sich zu lösen. Die erheblichen Folgen nicht verarbeiteter Stresssituationen beschreibe ich weiter unten. Hier vorab eine Bewältigungsstrategie: Eine sehr gute Möglichkeit, Situationen zu bewältigen, die Flucht signalisieren, ist Sport. Selbst wenn wir unser „Weglaufen" um Stunden verschieben, erzielen wir damit positive Effekte. Wir verarbeiten die eingefrorene Schrecksituation quasi

---

55 vgl. Ulich, aaO, S. 454
56 Jens Weidner: Die Pepperoni-Strategie. So setzen Sie Ihre natürliche Aggression konstruktiv ein. Campus Verlag GmbH, Frankfurt/Main 2005

zeitversetzt. Verspannungen haben dadurch die Chance, sich zu lösen.

Eine weitere Chance, den Stress zu verringern, haben wir, wenn wir unsere Einstellung zu den stressauslösenden Reizen verändern. Vielleicht ist die Situation realistisch betrachtet ja gar nicht so bedrohlich und es gibt gute Argumente dafür, dass wir sie auf jeden Fall bewältigen. Oder eine gute Planung und schrittweises Vorgehen nehmen dem riesig erscheinenden Arbeitsberg die Schrecken.

13.3. Stress und Persönlichkeit

Die Frage, ob und wie - und wenn, dann in welchem Ausmaß - die Persönlichkeit das Stresserleben beeinflusst, wirft natürlich auch die Frage nach den Anlage- und Umwelteinflüssen auf. Sind bestimmte Erlebens- und Verarbeitungsmuster angeboren oder erworben?

13.3.1 Stresstyp A – Stresstyp B

Schreyögg[57] geht auf Forschungen ein, die die Vermutung nahe legen, dass Persönlichkeitsmerkmale, unahängig davon, ob sie angeboren oder erworben sind, einen Einfluss auf Stresserleben haben. Er beschreibt zwei etwa in gleicher Häufigkeit vorkommende Typen in Industrienationen: Typ A und Typ B. Typ A ist gekennzeichnet durch hohe Impulsivität und Aktivität, zeigt eine verstärkte Neigung zu Konkurrenz, manchmal verbunden mit Missgunst, vergleicht sich häufig mit anderen und entscheidet schnell. Der Typ B ist weniger impulsiv, überlegt vor

---
57 aaO, S. 113 ff.

Entscheidungen länger und kooperiert mehr. Viele Untersuchungen belegen ein erhöhtes Vorkommen bei Herzinfarkten bei Typ A.

Es ist wohl eine altbekannte Weisheit: Wenn wir mal ganz große Lust haben, uns unglücklich zu machen, sollten wir uns immer nur mit den Menschen vergleichen, die besser sind als wir, mehr haben als wir und glücklicher und zufriedener erscheinen als wir denken, dass wir es gerade sind. Und uns dann darum bemühen, besser zu sein. Diese Methode ist hundertprozentig erfolgreich: Wir werden so garantiert zu unglücklichen Menschen!

Neben den Typ-A-Merkmalen ist die Bewältigungsstrategie (Coping) von Mensch zu Mensch verschieden. Hier kommt es vielfach nicht auf die objektive Situation, sondern auf die persönliche Bewertung an. Schreyögg[58] listet folgende Bewertungskriterien auf:

1. Bewerten wir die (gegebene/zukünftige) Situation mit hoher Wahrscheinlichkeit als unerfreulich?
2. Wie unerfreulich wird die Situation sein?
3. Können wir was dagegen tun?
4. Wie wichtig ist es für uns, die Situation zu vermeiden?
5. Wie bald wird die Situation eintreten?
6. Wie lange wird sie andauern?

13.3.2 Weiblicher und männlicher Stress

Frauen in Führungspositionen reagieren der FAZ vom 09.05.2006 zufolge anders auf beruflichen Stress als Männer. Gestresste Männer

---

[58] aaO, S. 115

sind demnach anfälliger für Übergewicht und hohen Blutdruck und die damit zusammenhängenden Krankheiten, während Frauen eher zu psychischen und psychosomatischen Krankheiten neigen.

Als Belastungsfaktoren gelten für Frauen zum einen die Doppelbelastung durch Beruf und Haushalt. Bei der Verteilung der Hausarbeiten besteht nach wie vor ein Ungleichgewicht zwischen den Geschlechtern. Zum anderen sind gerade Frauen in Führungspositionen besonderen Erwartungen ausgesetzt und – auf den Hierarchieebenen, wo ihre Präsenz nur etwa fünf bis zehn Prozent beträgt – genießen sie als Minderheit besondere Aufmerksamkeit. Der Druck, der dadurch auf ihnen lastet, ist erheblich.

Männer stehen durch die ihnen zugeschriebene Verantwortung als Familienernährer unter Spannung. Noch immer wird von ihnen erwartet, dass sie durch ihre Arbeit den Hauptanteil des Familieneinkommens erwirtschaften. Frauen gelten als Zuverdiener. Auch der herrschende Konkurrenzkampf macht ihnen zu schaffen. Die immer noch übliche Erwartung der männlichen Überlegenheit ist nur schwer zu erfüllen. Versagensängste erhöhen die Fehlerquote und sorgen für Misserfolge. Der Teufelskreis beginnt.

13.4 Stressreaktionen

Welche körperlichen Reaktionen stressauslösende Reize bewirken, zeigt das folgende Schaubild[59]

---

59 Zimbardo/Gerrig, aaO S. 565

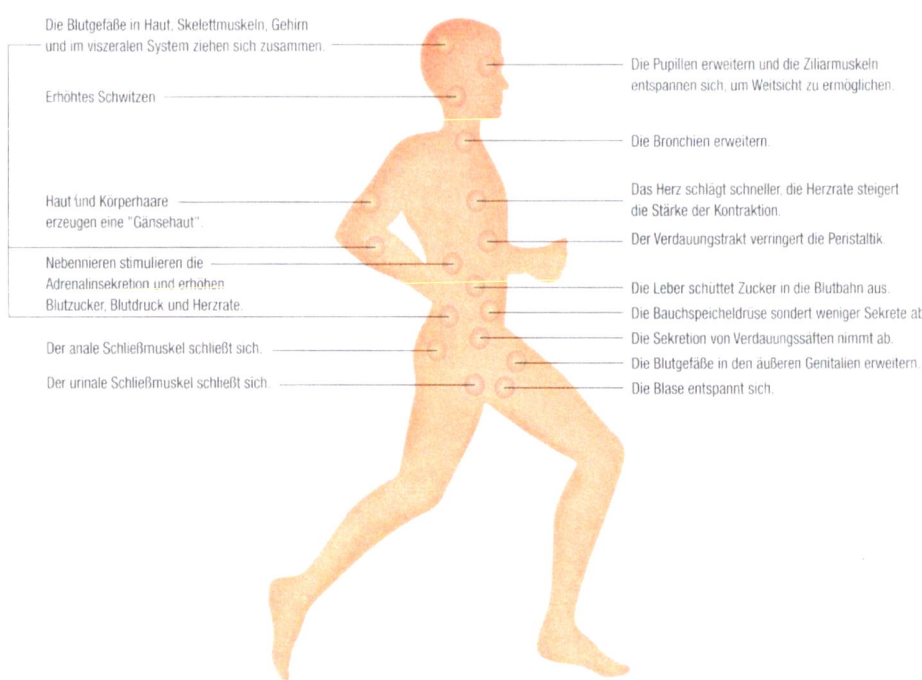

All diese physiologischen Veränderungen im Körper passieren, um uns für Kampf oder Flucht zu rüsten. Wenn wir diese Bereitschaft nicht nutzen, also aus sozialen Gründen nicht kämpfen oder fliehen können, wird der Stresslevel nicht vollständig abgebaut. Dieser Zustand hat langfristige negative Folgen.

13.5 Folgen von Stress und Dauerstress

Die kurzfristigen, aktuellen Reaktionen auf Stressoren sind auf der körperlichen Ebene eine erhöhte Herzfrequenz, die Blutdrucksteigerung und die Ausschüttung des Stresshormons Adrenalin. Im psychischen Erleben werden Anspannung, Frustration, Ärger, Ermüdungs-, Monotonie- und Sättigungsgefühle beschrieben. Im individuellen Verhalten zeigen sich Leistungsschwankungen, ein Nachlassen der Konzentration, eine erhöhte Fehlerhäufigkeit und schlechte sensomotorische Koordination. Sozial kommt es vermehrt zu Streit und Konflikten, zu Aggressionen und zum Rückzug bis hin zu Isolierung innerhalb und außerhalb der Arbeit.

Langfristige Folgen sind allgemeine psychosomatische Beschwerden und Erkrankungen, Zustände der Unzufriedenheit und Resignation bis hin zur Depression. Zudem sind als langfristige Folgen vermehrter Nikotin-, Alkohol- und Tablettenkonsum zu beobachten. Unternehmen verzeichnen einen erhöhten Krankenstand.[60]

13.6 Kurz- und langfristige Stressbewältigung

13.6.1 Kurzfristige Stressbewältigung

Um die akuten Stressreaktionen abzubauen, eignen sich sehr gut verschiedene körperliche und geistige Entspannungsmethoden. Auf der körperlichen Ebene können wir mit Sport, z.B. Joggen, einen Abbau der Stresshormone erreichen. Auch lebhafte Tänze (z.B. „Energy Dance" oder Jazzdance), Pilates, Feldenkrais, Yoga, die Fünf Tibeter oder ein indianischer Kreistanz, der Tslagi, sind dazu geeignet, die eigene Mitte zu finden. Den Tslagi habe ich in einem Workshop bei einem Trainerkollegen kennengelernt. Dieser Tanz aktiviert und verbindet beide Gehirnhälften, zentriert und beruhigt, steigert die Konzentration, fördert die Leistungsfähigkeit und ist ganz nebenbei auch eine intensive Gymnastik, die nicht an Ort und Geräte gebunden ist.[61]

---

[60] Eberhard Ulich: Arbeitspsychologie. Schäffer-Poeschel Verlag, Stuttgart 2001
[61] Quelle unbekannt. Eine Videodokumentation finden Sie auf meiner Internetseite www.akzept-online.de

Weiter oben habe ich erwähnt, dass unsere Bewertung der Stressoren und unsere Art zu Denken ebenfalls einen Einfluss auf unser Stresserleben haben. Das bedeutet, dass wir auch durch unsere Art zu Denken Stress reduzieren können. Mentales Training, Meditation, Phantasiereisen und Autogenes Training bewirken, dass wir zur Ruhe kommen.

Sowohl kurz- als auch langfristige Entlastung bewirkt unser „soziales Netzwerk". Das intensive Gespräch mit Freund oder Freundin, der Gedankenaustausch während eines Spaziergangs und das Gefühl des Eingebundenseins in die Familie und einen Freundeskreis gibt Sicherheit und Kraft.

13.6.2 Langfristige Stressbewältigung

13.6.2.1 Selbstmanagement

Langfristig gesehen bewältigen wir stressige Situationen am wirkungsvollsten, wenn wir mit uns und unserem Leben im Reinen sind. Meine Erfahrung ist, dass das ein lebenslanger Prozess ist. Es bedeutet wohl, einen Idealzustand anzustreben, den wir niemals ganz erreichen. Meine Erfahrung ist aber auch, dass man ihm im Laufe des Lebens immer näher kommen kann. Für mich ist dabei regelmäßiger Sport wichtig. Gleichmäßiges Joggen ist Bewegung und Meditation zugleich.

Sport wirkt sich langfristig sehr positiv auf unsere Gesundheit aus. Wir stärken damit unsere Widerstandskraft und fühlen uns allgemein gesünder, beweglicher und ausgeglichener. Allein „an der frischen Luft sein" versorgt uns besser mit Sauerstoff und dem wirkungsvollen Antidepressiva Licht.

13.6.2.1.1 Ziele und Aktivitäten

Wir hören und lesen häufig davon, dass „ein gutes Zeitmanagement" notwendig ist, um weniger Stress zu haben. Die Botschaft heißt: Tu was, organisiere Dich anders, irgendetwas machst Du falsch. Ich vermute, dass es sich inzwischen herumgesprochen hat, dass wir die Zeit nicht managen können. Sie fließt einfach. Ganz selbstverständlich und gleichmäßig. Trotzdem vergeht sie manchmal viel zu schnell und manchmal wollen Minuten gar nicht vorübergehen. Wie wir die Zeit empfinden, ist demnach subjektiv und hängt davon ab, wie wir sie erleben. Einige behaupten, man merke gar nicht, wie die Zeit vergeht, wenn sie gleichförmig dahin fließt. Andere sagen, und das ist auch mein Empfinden, dass die Zeit schneller vergeht, wenn man viele unterschiedlichen Aktivitäten durchführt.

Wie wir die Zeit nutzen, die uns zur Verfügung steht, hängt wesentlich davon ab, ob wir

1. uns Ziele gesetzt haben, die
2. Priorität haben und
3. uns genügend Zeit für die Planung genommen haben,
4. für die Verwirklichung unserer Ziele etwas tun und
5. Zwischenergebnisse und die Zielerreichung kontrollieren.

6.2.1.2 Leben mit Werten

Voraussetzung dafür, ob wir mit unseren Zielen und Erfolgen glücklich sind, ist die Übereinstimmung unser Ziele, Entscheidungen und Handlungen mit unseren Werten. Der Erfolg, den die

Zielerreichung bringt, wird um so köstlicher, je mehr die Ziele unseren eigenen Werten entsprechen. Werte sind die Grundlage unseres Lebens. Sie zu leben bedeutet seinen Idealen zu folgen und authentisch sein zugleich.[62]

Aufschluss darüber, welche Werte Ihnen wirklich wichtig sind und ob Ihre Ziele Ihren Werten entsprechen, können Sie durch die Übung „Wertematrix" im Anhang erlangen.

13.6.2.1.3 Gesunde Ernährung

Eine ausgewogene, möglichst gesunde Ernährung und weitgehend naturbelassene Lebensmittel stärken die Widerstandskraft und versorgen unsere Organe mit den nötigen Vitaminen und Spurenelementen. Wir schöpfen daraus die Energie für unsere Tätigkeiten. Das Immunsystem ist zu 80 % im Darm beheimatet. Eine gesunde Ernährung ermöglicht es ihm, gut zu funktionieren und Schadstoffe abzuwehren.

Zu einer gesunden Ernährung gehören Kohlenhydrate, Eiweiße und ungesättigte Fette in angemessener Menge. Kohlenhydrate brauchen wir für die Energie, Eiweiße sind Zellbaustoffe. Fett brauchen wir, um Organe zu schützen und für eine gute Verdauung. Bewusste Entscheidungen schon bei der Planung des Einkaufs und kritische Betrachtung des Angebots unterstützen uns bei unserem Vorhaben, uns gesund zu ernähren. Hinzu kommt eine schonende Zubereitung und ein bewusstes Genießen des Essens.

Sehr wichtig ist es auch, genügend zu Trinken. Wasser, Saftschorlen,

---

[62] vgl. hierzu auch Thomas M.H. Bergner: Burnout-Prävention. Das 9-Stufen-Programm zur Selbsthilfe. Schattauer GmbH, Stuttgart, 2007

isotonische Getränke und Tees sind gute Mittel, um Durst zu löschen und das Gehirn und andere Organe mit Flüssigkeit zu versorgen. Gerade unser Gehirn braucht viel Flüssigkeit zum Denken. (Es verbraucht übrigens auch 20 % der Energie!) Zwei bis drei Liter Flüssigkeit sollte man täglich zu sich nehmen, um genügend versorgt zu sein. Wir trinken meist nur, wenn wir Durst haben. Mediziner sagen, dass es dann schon zu spät ist, weil Durst ein Mangelsignal ist.

Es gibt Tricks, wie wir uns das Durstlöschen angewöhnen können: Manche stellen sich überall etwas hin, so dass sie es ständig im Blick haben und daran denken. Andere identifizieren Situationen, in denen sie zum Glas Wasser oder Tee greifen: z.B. sobald ich in die Küche komme, immer, wenn ich das Büro (wieder) betrete usw..

Noch ein Wort zu ungesunden Angewohnheiten: Wir allein sind dafür verantwortlich, was wir zum Munde führen. Es ist wohl allen bekannt, dass Alkohol, Nikotin und andere Schadstoffe äußerst ungesund sind und auf Dauer die Lebenszeit qualitativ verändern und sogar verkürzen. Schön wäre es doch, wenn wir diese Verantwortung für uns selbst ernst nehmen würden und endlich damit aufhörten, uns solche Sachen schön zu reden. Ungesunde Verhaltensweisen sind auch nicht unbedingt die beste Methode, sich durch Haltung und Verhalten von anderen Menschen abzugrenzen und Stärke zu zeigen.

13.6.2.2 Rollenklärung

Wir alle nehmen in unserem Alltag verschiedene Rollen wahr: Wir sind Arbeitnehmer oder Arbeitgeber, auf der Arbeit Kollege/in, Vorgesetzte/r oder Mitarbeiter/in, wir haben vielleicht eine Rolle als Spezialist/in oder Moderator/in, zusätzlich sind wir Mutter oder

Vater, Bruder, Schwester, Freund, Freundin, Tochter oder Sohn. Vielleicht sind wir noch Vereinsvorsitzende/r oder Kassenwart/in oder Mitglied einer anderen x-beliebigen Gruppe.

Wenn wir uns mit der Ausübung der verschiedenen Rollen nicht überfordern wollen, sollten wir nicht mehr als sieben Rollen wahrnehmen[63]. Mehr Zufriedenheit und eine bessere Work-Life-Balance können wir erlangen, wenn wir intensiv über die subjektive Wichtigkeit der einzelnen Rollen und unsere innere Zufriedenheit mit ihnen nachdenken. Auch hierzu finden Sie eine Übung im Anhang. Durch diese Übung können wir entdecken, welche Rollen uns wirklich am Herzen liegen und in eigener Verantwortung Ziele für jede Rolle entwickeln[64].

	Niedrig Dringlichkeit Hoch	
Hoch Wichtigkeit **Niedrig**	**1** Tätigkeiten: langfristige Ziele Erneuerung langfristige Projekte Individuelle Entwicklung Fachliteratur/Weiterb. Die Säge schärfen	**2** Tätigkeiten: Notfall/Krise/Katastrophe Manche Störungen (Kunde, Produktion, EDV) End-Termin-Hektik
	4 Tätigkeiten: Fluchtziele Lieblingstätigkeiten Gefälligkeiten Teile der Informationsflut	**3** Tätigkeiten: Viele Störungen (Telefon, Mitarbeiter Besucher, Chef) Manche Besprechungen Tagesgeschäft Kalenderkomplex

---

[63] vgl. hierzu auch Lothar J. Seiwert: Wenn Du es eilig hast, gehe langsam. Mehr Zeit in einer beschleunigten Welt. Campus Verlag GmbH, Frankfurt/Main, 2005
[64] vgl. hierzu auch Stephen R. Covey: Der Weg zum Wesentlichen. Der Klassiker des Zeitmanagements. Campus Verlag Frankfurt/New York, 2007

Das Eisenhower-Prinzip, die Wichtigkeits-Dringlichkeits-Matrix, zeigt im Quadrant Eins exemplarisch Tätigkeiten, die zur Erreichung dieser Ziele beitragen.

13.7 Zusammenfassende Anregungen für das Selbstmanagement
13.7.1 Persönliche Veränderungen

1. Setzen Sie sich nicht selbst unter Druck und machen Sie nicht alles selbst. Überlegen Sie, wer Ihnen helfen kann oder an wen Sie die Aufgabe delegieren können. 2. Bündeln Sie Routineaufgaben, institutionalisieren Sie für bestimmte Tätigkeiten einen bestimmten Termin (bei mir z.B.: Sonntag morgens Blumen gießen, dienstags vormittags die meisten Telefonate usw.). 3. Lernen Sie, auch mal „nein" zu sagen. Bedenken Sie, dass jedes „ja" für 100 andere Tätigkeiten „nein" bedeutet. Begründen Sie notfalls, warum Ihnen etwas anderes wichtiger ist. Und 4. analysieren Sie Ihren eigenen Arbeitsstil. Wo sind Sie sich selbst im Weg, was könnten Sie vereinfachen? Bedenken Sie in diesem Zusammenhang auch die 80/20 Regel des italienischen Philosophen und Wirtschaftswissenschaftlers Alfredo Pareto: Sie können mit 20 % Aufwand 80 % des Erfolges erzielen. Die anderen 80 % Aufwand für die (manchmal unnötigen letzten 20 % Erfolg) sind allein unserer Perfektion geschuldet. Überprüfen Sie also: Ist 80 %iger Erfolg ausreichend?

13.7.2 „Schärfen Sie die Säge"

Unser wichtigstes Arbeitsinstrument sind wir selbst. Deswegen ist es dringend notwendig und unumgehbar, dass wir auch etwas für uns selbst tun. Stephen R. Covey[65] nennt in diesem Zusammenhang die Bereiche „Leben", verstanden als biologische und körperliche Präsenz, „Lieben" als das soziale Gefüge, die Familie und Freunde, „Lernen", verstanden als Entwicklung des Geistes und des Wissens und „Leisten" als unserem Leben sinngebenden gesellschaftlichen Beitrag.

Durch Aktivitäten in allen vier Bereichen schärfen wir unsere Säge und gewinnen Sicherheit und Authentizität.

---

[65] Stephen R. Covey: Die 7 Wege zur Effektivität. Prinzipien für persönlichen und beruflichen Erfolg. Gabal Verlag, Offenbach 2005

Ich wünsche Ihnen eine erfolgreiche, spannende und harmonische Zukunft.

Anhang

Übung zu Fragentechnik:

1. Bitte formulieren Sie je eine geschlossene Frage zu

    Familie

    Beruf und

    Hobby

und interviewen Sie einen Bekannten oder Freund. Notieren Sie Ihre Beobachtungen.

2. Bitte formulieren Sie je eine offene Frage zu

    Familie

    Beruf und

    Hobby

und interviewen Sie einen Bekannten oder Freund. Notieren Sie auch hier Ihre Beobachtungen.

Feedback-Protokoll:

Vorbereitung:

a) Situation wahrnehmungsspezifisch beschreiben

b) Positive Seiten identifizieren

c) Organisation klären (Termin, Raumfrage etc.)

d) Mitarbeiter einladen

Feedback durchführen:
- Begrüßung, Dank,
- Positives,
- sinnes-/wahrnehmungsspezifisches FB (sehen, hören, ...)
- Trennung von Wahrnehmung und Interpretation

- Veränderungen als Wunsch (VW-Formel)

Rechtfertigungen zur Kenntnis nehmen – weitere Gespräch anbieten (Termin?)

Nachbereitung

Reflektion des eigenen Gesprächsstils, Reaktionen des Mitarbeiters, Ergebnis

Beispiele für Zirkuläres Fragen:

Fragen zum Effekt von Verhalten:
Was beobachtet Ihr Mann an Ihrem Verhalten, wenn Sie sich depressiv fühlen?
Wie muss ich mir das vorstellen, wenn Sie den ganzen Tag verzweifelt sind?
Was würde ich sehen, wenn ich unsichtbar im Haus wäre?
Wenn man einen Film von Ihrem Leben drehen würde, wie würde das aussehen?

Fragen nach dem Ablauf bestimmter Verhaltensweisen:
Wenn Sie depressiv sind (besser: wenn Sie morgens nicht aufstehen und nur wenig sprechen), wer reagiert dann als erster darauf?
Was sage derjenige dann zu Ihnen
Wie verhält er sich?
Wie reagieren Sie dann darauf?
Was passiert denn dann als nächstes?
Wie kommt der darauf?
Wer von Ihnen wird in dieser Sache zuerst einlenken?

Fragen nach Erklärungen (Fragen nach der inneren Landkarte):
Wie erklären Sie sich das?
Wie erklärt sich das wohl Ihr Mann?
Hält der Sie für krank oder unwillig?
Wie kommt Ihr Mann zu der Auffassung, sie könnten sich anders verhalten?
Kennen Sie die Auffassung Ihres Hausarztes zu dem Problem?
Das ist ja überraschend, was Sie mir da erzählen! Wie erklären Sie sich den Widerspruch?

Zirkuläre Fragen im engeren Sinn:
Wenn ich Ihren Mann (Tochter, Mutter usw.) fragen würde ...
Wie sieht das wohl aus der Perspektive Ihrer Tochter aus ...
Wenn Ihre Mutter anwesend wäre, was würde die sagen?
Wenn ich heimlich anwesend wäre, was würde ich sehen?
Wenn Sie aus der Perspektive Ihrer Tochter sprechen, was sagen Sie dann dazu?
Wie ist wohl die Meinung Ihres Mannes über Ihre Tochter?
(Ansicht eines Dritten über einen Vierten)

Aus der Sicht Ihres Mannes, wer hat da wohl die engere Beziehung zu Ihrer Tochter, Sie oder Ihr Mann?

Fragen nach Unterschieden (Skalen)
Wer steht Ihnen denn in Ihrer Familie am nächsten?
Wer kommt dann? usw.
Wie sieht das aus der Perspektive Ihres Mannes aus?
Würde der das genau so sehen oder anders?
Wer leidet am meisten unter dem Symptom?
Wer dann?
Wer kann sich am ehesten vorstellen, dass die Behandlung schnell zum Erfolg führt? Warum?

Hypothetische Fragen:
Wenn Ihre Tochter demnächst ausziehen wird, wie wird sich dann Ihr Verhältnis zu Ihrem Mann verändern? Was denkt wohl Ihr Mann darüber?
Wenn Ihre Fröhlichkeit sich wieder so zeigt wie früher, wer wird das am ehesten bemerken? Wie wird er das feststellen?
Wenn die Beschwerden in den nächsten Jahren so bleiben, was wird das für eine Auswirkung auf die Beziehung zu Ihrem Mann haben?
Wenn alles noch viel schlimmer würde?
Wenn sie sich eines Tages einfach grundlos entschließen, morgens aufzustehen, lebhaft und fröhlich zu sein und eine Reihe von Dingen zu unternehmen, die Sie gerne tun, was meinen Sie, wie wird Ihr Mann drauf reagieren?

Wünschbare Alternativen lassen sich in Fragen einbetten:
Wenn Sie sich entscheiden würden, sich schneller zur Wehr zu setzen, wen würde das am meisten betreffen?
Wie würde derjenige reagieren?
Würden Sie dann aufgeben oder sich auf die Hinterbeine stellen?
Wer glaubt wohl am ehesten, dass Sie sich gut wehren können?
Wie kommt der dazu, das zu vermuten?
Angenommen, das Problem ist gelöst, wie sieht dann wohl ein Film über Ihr Leben aus? Beschreiben Sie mir das bitte?

Die aufgeführten Fragebeispiele sollen Anregungen geben, wie in der Einzelsituation langsam die Beziehungsrealität lebendig werden kann. Für den Therapeuten ergibt sich so ein plastisches Bild von den Beziehungsstrukturen eines Patienten und der Bedeutung seines Symptoms innerhalb dieser Beziehungen. Durch die Fragen bleibt der Therapeut neutral. Er kann so verschiedene Möglichkeiten durchspielen, ohne direkt Stellung zu nehmen.

Meta-Mirror

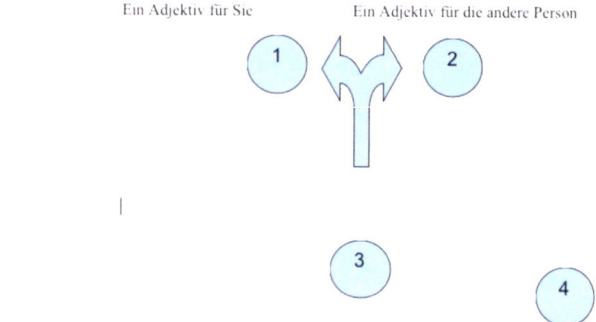

Einstieg:

Der Klient nimmt nacheinander die Positionen 1 und 2 ein und benennt ein Adjektiv für sich und die andere Person. In der Position der anderen Person versetzt sie sich in den Gesprächspartner hinein. Die Erfahrungen aus Position 2 nimmt sie mit in die eigene Position.

Aussteigen, von außen gucken, ist eine gute Möglichkeit, aus Konflikten rauszukommen. Die Abgrenzungsfähigkeit wird revitalisiert.

Dann:

1. Aus Pos. 1 und Pos. 2 kommunizieren. Momente benennen, die die Kommunikation erschweren.
2. In die 3. Pos. (Meta 1) begeben, und die **Art/Haltung/Eigenschaften** der Pos. 1 charakterisieren
3. Herausfinden, wie das Verhalten in Pos. 1 das der Person in Pos. 2 auslöst oder verstärkt
4. Frage in Pos 3: Was Könntest Du anders machen in Pos 1)?
5. In 4. Pos. gehen und beurteilen wie sich Pos. 3 zu Pos. 1 verhält. Gibt es vielleicht Ähnlichkeiten zwischen beiden Gesprächspartnern?
6. Aus Pos 4 (Meta 2) mental zuschauen, wie Pos 1 + 3 die Plätze wechseln. Frage: Wie kommuniziert Pos. 1 jetzt? Was macht die ehemalige Pos. 3 in Pos. 1 anders?
7. Gehe in Pos 2, identifiziere dich mit der anderen Person. Was erlebt diese, was wünscht sie sich von Pos. 1?
8. Setz dich auf die revidierte Ausgangssituation und kommuniziere mit Pos. 2
9. Evtl. weitere Durchläufe

Time-Line: Schätze der Vergangenheit

- ➢ Erinnere Dich nach einander von der Metaposition aus an drei verschiedene Situationen, in denen Du Dich als stark, „fähig" und ressourcevoll wahrgenommen hast und bestimme diese als Zeitpunkte auf der Zeitlinie. Wähle Situationen, die drei verschiedene Ressourcen repräsentieren.
- ➢ Begebe Dich nacheinander in jede der Situationen und erinnere Dich genauer, indem Du so tust, als ob Du sie gerade wieder erlebst und vergegenwärtige Dir alle Sinneswahrnehmungen (VAKOG)
  - was siehst Du?
  - was hörst Du?
  - was fühlst Du?
  - was schmeckst Du?
  - was riechst Du?[66]
- ➢ Nimm aus jeder der drei Positionen eine Ressource mit. Wie möchtest Du die jeweilige Erfahrung für Dich symbolisieren – mit einem Wort, einem Satz, einer Metapher, einem Symbol?
- ➢ Schreibe/male jede Ressource auf ein Kärtchen und bringe es in Deinem Ressource-Rahmen ein.
- ➢ Nimm die Ressource-Kärtchen in die Hand, stelle Dich auf die Gegenwartsposition, spüre die positive Energie Deiner Erfolge und mache, wenn Du so weit bist, mit Deinen Ressourcen einen Schritt in die geplante Zukunft.

---

[66] Der Klient wird nach jeder Situation wieder neben die Timeline gebeten. Das nächste Erfolgserlebnis wird von der Seite her auf die Timeline gelegt. Erst dann stellt sich der Klient darauf.

Das PELZ-Modell – beraterunterstützende Fragen

P - Problemwahrnehmung und Problemdefinition
- Wer hat den Anstoß gegeben, zur Beratung zu kommen?
- Was meinen die Einzelnen, weshalb der Lehrer, das Jugendamt, Dr. Soundso sie geschickt hat?
- Sind alle Anwesenden damit einverstanden, dass sie da sind?
- Was haben sich die Einzelnen dabei gedacht?
- Wer ist dagegen und aus welchen Gründen?
- Was hat eventuell jemanden bewogen, nicht anwesend zu sein?

Oder man beginnt damit nach dem aktuellen Anlass der Beratung zu fragen:
- Was ist der aktuelle Anlass, die Beratung aufzusuchen?
- Worin besteht für jeden einzelnen das Problem, die Schwierigkeit oder der Ist-Zustand?
- Wann trat das Problem zum ersten Mal auf?
- In welchem Zusammenhang tritt es auf?
- Was verhindert das Auftreten?
- Wer hat das Problem zuerst benannt?
- Wen belastet es am meisten?
- Mit wem wurde darüber gesprochen?

E - Erklärungsmodell
- Wie erklären sich die Einzelnen das Problem?
- Was vermuten die Familienmitglieder über Erklärungsideen der zur Zeit nicht anwesenden Mitglieder?
- Falls die Erklärungen unterschiedlich sind, wie erklären sich das die Systemmitglieder?
- Gibt es möglicherweise noch andere Erklärungen, die bis jetzt noch nicht genannt wurden?

L - Lösungsversuche
- Gab es früher schon einmal ähnliche Schwierigkeiten? Wie wurde damit umgegangen? Wie wurden diese gelöst?
- Was haben die Einzelnen bisher versucht, um das Problem zu bewältigen? Auf welche Weise?
- Was tun die Familienmitglieder, wenn das Problem auftritt? Mit welchem Ergebnis?
- Welche Lösungsversuche waren besonders hilfreich, welche nicht?
- Welche Ideen gibt es, die noch nicht versucht wurden?
- Welches Ergebnis ist von diesen Lösungsideen zu erwarten?
- Gab es in ihrer Familie schon einmal ein Ereignis, das für Sie alle so schlimm oder sogar schlimmer war als die momentane Situation? Können sie etwas von damals auf die heutige Situation übertragen?
- Gibt es Unterstützung von außerhalb?

Z - Ziele
- Welches Ziel haben die Einzelnen?
- Wie genau wird das aussehen?
- Woran werden die Einzelnen erkennen, wenn das Ziel erreicht ist?
- Woran werden andere merken, dass das Ziel erreicht ist?
- Was werden sie dann anders tun als heute?
- Welche Dinge waren bisher schon so ein bisschen, wie der Zielzustand? Wer hat was wie gemacht, um dies zu ermöglichen?
  - Wenn unsere Gespräche erfolgreich wären, wie sähe Ihre Situation dann am Ende der Beratung aus?

Literatur:

Elliot Aronson, Timothy D. Wilson, Robin M. Akert: **Sozialpsychologie**. Pearson Studium, München 2004

Thomas M.H. Bergner: **Burnout-Prävention. Das 9-Stufen-Programm zur Selbsthilfe**. Schattauer GmbH, Stuttgart, 2007

Stephen R. Covey: **Der Weg zum Wesentlichen. Der Klassiker des Zeitmanagements**. Campus Verlag Frankfurt/New York, 2007

Stephen R. Covey: **Die 7 Wege zur Effektivität. Prinzipien für persönlichen und beruflichen Erfolg**. Gabal Verlag, Offenbach 2005

Hella Dahmer, Jürgen Dahmer: **Gesprächsführung. Eine praktische Anleitung**. Georg Thieme Verlag, Stuttgart, New York, 2003

Duden. **Herkunftswörterbuch. Etymologie der deutschen Sprache**, Band 7, 3. Auflage, Dudenverlag, Mannheim, Leipzig, Wien Zürich, o.J.

Friedrich Glasl: Konfliktmanagement. **Ein Handbuch für Führungskräfte, Beraterinnen und Berater**. Verlag Freies Geistesleben, Stuttgart 1999

Thomas Gordon: **Familienkonferenz**. Hoffmann & Campe Verlag, Hamburg, 1972

Hellinger, Bert: **Ordnung der Liebe**, Carl-Auer-Verlag, 1999

Heinz Jiranek, Andreas Edmüller: **Konfliktmanagement. Als Führungskraft Konflikten vorbeugen, sie erkennen und lösen.** Rudolf Haufe Verlag, Planegg bei München, 2003

Ludwig Knoll: **Lexikon der praktischen Psychologie**. Gustav Lübbe Verlag, Bergisch Gladbach, o.J. S. 75

Barbara Langmaack: **Einführung in die Themenzentrierte Interaktion TZI. Leben rund ums Dreieck.** Beltz Verlag, Weinheim, Basel 2009

Heinz Leymann: **Mobbing – Psychoterror am Arbeitsplatz und wie man sich dagegen wehren kann.** Rowohlt Verlag, Reinbek, 1993

Niklas Luhmann: **Einführung in die Systemtheorie.** Carl-Auer Systeme-Verlag, Heidelberg 2004

Mobbing. Psychoterror am Arbeitsplatz. Erkennen-Lernen-Helfen. Hrsg: Landesbildungswerk der Deutschen Angestellten Gewerkschaft Berlin und Brandenburg e.V., o.J.

Carl R. Rogers: **Therapeut und Klient. Grundlagen der Gesprächspsychotherapie.** Fischer Taschenbuch Verlag, München 2007

Marshall Rosenberg: **Gewaltfreie Kommunikation. Aufrichtig und einfühlsam miteinander sprechen. Neue Wege in der Mediation und im Umgang mit Konflikten.** Junfermann Verlag, Paderborn 2003

Lutz von Rosenstiel, Erika Regnet, Michel E. Domsch (Hrsg.): **Führung von Mitarbeitern. Handbuch für erfolgreiches Personalmanagement.** Schäffer-Poeschel Verlag, Stuttgart 1999

Lutz von Rosenstiel: **Grundlagen der Organisationspsychologie.** Schäffer-Poeschel, Stuttgart 2007

Fritz Riemann: **Grundformen der Angst. Eine tiefenpsychologische Studie.** Ernst Reinhardt Verlag, München, Basel,1999

Friedemann Schulz von Thun: **Miteinander Reden. Störungen und Klärungen**, Rowohlt Taschenbuch Verlag GmbH, Reinbek bei Hamburg, 1981

Virginia Satir: **The New Peoplemaking.** Science and Behavior Books, Mountain View, California 1988

Lothar J. Seiwert: **Wenn Du es eilig hast, gehe langsam. Mehr Zeit in einer beschleunigten Welt.** Campus Verlag GmbH, Frankfurt/Main, 2005

Wolfgang H. Staehle: **Management. Eine verhaltenswissenschaftliche Perspektive.** Verlag Franz Vahlen, München 1999

Eberhard Ulich: **Arbeitspsychologie.** Schäffer-Poeschel Verlag, Stuttgart 2001

Paul Watzlawick, Janet H. Beavin, Don D. Jackson: **Menschliche Kommunikation. Formen, Störungen, Paradoxien**. Verlag Hans Huber, Bern 2007

Jens Weidner: **Die Pepperoni-Strategie. So setzen Sie Ihre natürliche Aggression konstruktiv ein**. Campus Verlag GmbH, Frankfurt/Main 2005

Philip G. Zimbardo, Richard J. Gerrig: **Psychologie**. Pearson Studium, München, 2004

Volker Zumkeller: **Coaching. Grundsätze, Prozessphasen und Techniken**. Cornelsen Verlag, Berlin 2010